徒手健身运动

陈平飞 编著

吉林文史出版社

图书在版编目（CIP）数据

徒手健身运动 / 陈平飞编著. -- 长春：吉林文史出版社, 2013.9（2023.6重印）

ISBN 978-7-5472-1713-9

Ⅰ. ①徒… Ⅱ. ①陈… Ⅲ. ①健身运动 – 基本知识 Ⅳ. ①G883

中国版本图书馆CIP数据核字(2013)第225535号

徒手健身运动

TUSHOU JIANSHEN YUNDONG

出 版 人　张　强

主　　编　南来寒

编　　著　陈平飞

责任编辑　王　新

封面设计　袁　野

出版发行　吉林文史出版社

地　　址　长春市福祉大路5788号

网　　址　www.jlws.com.cn

开　　本　720mm × 1000mm　1/16

印　　张　12

字　　数　100千

印　　刷　天津市天玺印务有限公司

版　　次　2014年1月第1版　2023年6月第4次印刷

书　　号　ISBN 978-7-5472-1713-9

定　　价　59.80元

编委会

内容简介

健身运动不仅能依靠各种器材，也可以采用徒手练习，如各种徒手健美操、韵律操、形体操以及各种自抗力动作等。对于这样的徒手健身运动，初学者首先要明确目标，其次要简单至上，还要做到持续性和渐进性，最后便是频率、数量、强度的控制。不可盲目加快进度，否则不仅达不到健身的目的，甚至还会有碍身体健康。

本书为您详尽介绍了徒手健身的要素和基本方法，无论您是初学者，还是已经成为徒手健身的受益者，在本书中都会再次使您更加系统化规范化地了解徒手健身的相关知识。

徒手健身运动大盘点

- 什么是徒手健身运动?
- 徒手健身运动分哪些种类呢?
- 徒手健身运动对健身的帮助大吗?
- 徒手健身运动的注意事项有哪些呢?
- 如何掌握正确的徒手健身运动技巧呢?

目录

第四章　健身饮食篇

第五章　运动安全篇

第一章

基础理论篇

什么是徒手健身运动

❖ 概念

徒手健身运动是指不使用健身器械和工具，只使用锻炼者自己的身体来达到健身的一种方式。

1995 年 6 月，国务院颁布了《全民健身计划纲要》，此后又有一系列法规和规章相继出台，使群众体育和全民健身运动得以沿着健康的轨迹发展。

为纪念北京奥运会成功举办，国务院批准从 2009 年起，将每年的 8 月 8 日定为“全民健身日”。作为全民健身计划的重要组成部分，徒手健身运动以其易于开展、适宜人群广泛的特点备受欢迎。

徒手健身运动包括对颈部、肩部、胸部、背部、手臂、腰腹部、臀腿部等各个身体部位的局部锻炼，也包括散步、跑步、游泳、骑车、爬山等全身心有氧锻炼方式。它可以均衡、全面地锻炼人体的运动器官，提高练习者的身体素质和运动能力。

❖ 特点

徒手健身运动具有以下基本特点，场地不受限制：

方法灵活多样，场地不受限制

相对于很多专业健身方式来说，徒手健身运动对运动场地、运动器材、天气情况等的要求不高。

如果您想要健美的腹部肌肉，可以在家里仰卧，固定脚踝部，坐起上身，上身与下肢间的角度大于直角，腹直肌紧绷，此姿势保持静止 8 ～ 10 秒,然后放松。如果想要改善心脏功能，可以在公园或室内原地步行。

有冠心病、高血压、脑血管意外后遗症或有呼吸系统疾病的老年人，宜每分钟原地踏步 60 ～ 90 步，每次 10 ～ 20 分钟；身体健康的老年人和有慢性关节炎、胃肠疾病、高血压疾病及由神经衰弱引起失眠的患者，宜每分钟原地踏步 100 ～ 120 步，每次 15 分钟左右。在原地踏步的同时，两臂用力向前后做大幅度的摆动，以增进胸、肩及上肢的活动，此法适用于肩周炎、上下肢关节炎、慢性支气管炎、肺气肿等患者。

可见，在不用任何器材的情况下，在户外、家里、办公室都可以完成一些徒手健身项目。

运动强度不高

专业健身房的健身项目往往运动强度很大，专业性较强，不适用于每一位普通大众。对于一般健美和保健需求来说,徒手健身运动的强度是中低等级，锻炼过程循序渐进，通过持之以恒的低强度锻炼,达到预期的健身和保养效果。对于不想要肌肉的年轻女性和患有疾病的老年人来说，徒手健身运动是一个更为明智的选择。

普及性高，适用人群广泛

徒手健身运动内容丰富，包含了很多难易程度不同的运动方式和项目。相对于一些专项体育运动项目来说，徒手健身的适用范围往往更加广泛，不管是儿童、少年、青年，还是中老年人，都可以进行适合自身情况的徒手健身运动，从而达到强健体格的目标。

节省时间和金钱

通常，前往健身房健身需要相对高昂的费用，同时，很多专业设备需要花费时间学习如何使用或者要在教练的指导下进行。徒手健身运动可以利用学习工作的闲暇时间进行，比如骑车或步行上下班，不搭乘电梯改走楼梯等，都具有很好的健身塑形效果。不用购买专业设备，不用固定时间前往健身房，同时也省去了不少的费用。

总之，随着经济的发展和生活节奏的加快，人们更多地需要一些容易做的，并且花费时间较少的健身运动来锻炼身体。而徒手健身运动凭借自身的特点和价值，正在迅速被人们接受和喜爱。与此同时，学习徒手健身运动的方法和技巧，就显得十分必要。

徒手健身运动可以达到的健身效果

徒手健身运动通过长期对身体各部位的锻炼以及全身的放松和调整，可以达到许多健身效果。

❖ 纠正身体不良姿态

如今办公室人群的不良姿态问题十分突出，通过进行徒手

健身运动就可以改善这些问题。强健的颈部，可以表现出人的精神和能力。通过颈部的力量练习和伸展练习，可以给脊椎神经以及咽喉器官带来好处，并加速脑部血

液供给，改善颈椎前倾；同时颈部肌肉的锻炼，可以使颈部线条看起来更优美；对肩部的伸展与锻炼，能够端正肩部位置，改善驼背、椎间盘突出；腰背部、腹部的力量练习和伸展练习则可以增强背阔肌、腰侧肌和竖脊肌伸展力，提高腰椎灵活性，利于体形塑造。通过对身体各部位的针对性锻炼，不良姿态将被逐步纠正。

❖ 预防疾病，强健体格

通过长期的徒手健身运动，尤其是力量型的锻炼，能够强健体格，预防多种疾病。研究表明，中等强度的力量训练，能使人体的肌力提高 30% ～ 50%，力量的增强不但会使人们

更容易完成一些日常劳动，而且能使人变得精神饱满，精力旺盛，以更好的姿态投入学习、工作中去。肌力训练能降低胆固醇与血压水平，对于维护心血管正常功能及防治心脏病作用重大。

更有研究表明，从事力量训练4个月后，肌体对葡萄糖的利用率将提高23%，这对防治糖尿病具有重要意义。除此之外，加强腰背肌肉锻炼，能够显著减轻或消除该部位的病痛，力量训练还能缓解关节疼痛，增强关节功能。另外，由于徒手健身运动有强度低、密度大、运动量可大可小容易控制的特点，因此除对健康的人具有良好的保健效果外，对一些病人、残疾人和老年人也是一种理想的医疗保健手段。

❖ 减肥塑身

有氧运动是最好的健康减肥方法。进行慢跑、游泳、骑自行车等有氧运动时，身体各处肌肉都需要更多的氧气，体内血液循环会加剧。长时间运动，肌肉会持续收缩，肌肉中的废物就会被供应进来的氧气运走。另外，在进行有氧运动时，体内积存的糖分会被氧气氧化，脂肪燃烧的速度也会加快，即有氧运动消耗了身体中多余的糖分和脂肪。与此同时，进行有氧运动会对心肺功能起到促进作用，并且可以放松心情。

对于肥胖人群来说，制订合理的徒手健身计划，并且按时按量、持之以恒地完成，再配合科学合理的饮食，一定可以达到健康减肥的目的。

❖ 缓解精神压力，改善睡眠质量

当今快节奏的工作、学习和生活，使得人们的精神压力普遍加大。研究证明，长期的精神压力不仅会引起各种心理疾病，许多躯体疾病也与精神压力有关，如高血压、心脏病、癌症等。散步、爬山、远足等徒步健身运动，让人们在走出办公室，去往户外呼吸新鲜空气的同时，能锻炼身体、放松身心。这些运动将人们从繁忙的工作学习中解脱出来，尽情享受运动所带来的欢乐，得到内心的安宁，从而缓解精神压力，使人具有更强的活力和最佳的心态。

同时，有医学专家指出，适度的运动能显著改善睡眠质量。经常参加运动者比不运动者入睡快、睡得深、睡眠时间长，白天也很少有疲劳感。澳大利亚睡眠研究专家约翰博士比较了跑步组和不运动组的睡眠时间，发现跑步组睡眠时总的慢波睡眠时间比不运动组多18%，有着更佳的睡眠质量。

因此，通俗来说，由于运动中能量消耗增加，那么睡眠时就需要更长时间来恢复。这样，总的睡眠时间，尤其是“熟睡”的时间会延长。专家强调，太极、散步、慢跑、自行车等徒手健身运动搭配一些无氧力量练习，会使身体消耗 400 ～ 700 千卡的能量，感到中等疲劳，并且如果在下午运动，对睡眠质量的提高具有很大的帮助作用。

❖ 改善情绪，激发创造力

徒手健身运动大多不重视比赛胜负，只求在轻松愉快的环境中健身，因此对缓解现代社会快节奏生活带来的精神紧张十分有益。据医学专家介绍，这种轻松愉快的运动能促进体内释放一种多肽物质——内啡肽，从而使人产生一种持续的快感和镇静作用。另外，徒手健身还有助于增进食欲，加强消化功能，促进营养吸收。

徒手健身运动对于培养人们克服困难、磨炼刻苦耐劳的顽强意志具有良好的作用。特别是对那些冬季怕冷、爱睡懒觉、不想锻炼的人能起到促进作用，使他们感受到徒手健身运动的好处。

除此之外，徒手健身运动的健身效果还有很多，比如，促进新陈代谢，提高免疫力，提高对疼痛的忍耐力，等等。

徒手健身运动的原则

虽然徒手健身运动方法简单易学，但要想达到预期的锻炼目标，有效提高锻炼效果，避免运动损伤，应该遵循以下几项原则：

❖ 循序渐进原则

徒手健身运动强调长期过程和效果，在安排时间和运动量时，不能急于求成。要从简单运动入手，由易到难，由简到繁，做好运动过程中的每一步。

❖ 合理选择原则

锻炼者要根据自身的身体状况、职业特点、运动基础等条件，合理地选择运动项目与时间。通过有针对性的锻炼，提高健身效果，达到预期期望。

❖ 持之以恒原则

徒手健身运动相对于其他专项训练，更加重视长期的坚持。锻炼者若想持续享受运动带来的好处，就应该制订长期的锻炼计划，不能经常中断运动。

❖ 多样性原则

徒手健身运动包括很多种运动方法，锻炼者可以结合自身条件与爱好，选择多种方式进行练习。多样性的活动方式有利于身体机能的全面提高。

❖ 安全性原则

锻炼者应充分了解各个运动方式存在的潜在风险，要将安全性放在首要位置，不能违背正确的运动规则，否则将对身体造成伤害。

❖ 动作规范原则

不规范的动作会给关节、肌肉、韧带带来意外的损伤。因此，学习规范的动作要领对防止产生副作用十分重要。

徒手健身运动的建议

对于徒手健身运动本身来说，读者也应该了解以下这些建议，从而达到更好的运动效果：

❖ 不能空腹运动

如果空腹参加运动的话，肝糖原储备不足，长时间运动后，血糖大量消耗，如果得不到及时补给，会使血糖浓度迅速降低。而人体脑部储糖量很少，且神经组织几乎全靠氧化糖来供能，

所以当血糖降低时，首先出现脑和交感神经供能受影响的症状，如头晕、眼黑、心慌等。

另外，也不能在饱腹后运动，要尽量安排在饭后1.5～2小时，或运动结束后30～45分钟再进餐。

❖ 运动时限22点

在进行徒手健身运动时，要注意不要把锻炼时间安排在22点之后。科学证明，人的黄金睡眠时间是22点到第二天凌晨2点。因此，若是将锻炼安排在22点之后会引起神经兴奋，影响睡眠和第二天的精神状态。

❖ 保证休息

健身锻炼后，肌肉细胞会大量损伤，体力损耗很多，此时需要充分休息，以促进肌体恢复和肌肉生长。休息不好会影响肌体的恢复，而且容易造成训练过度和运动损伤。

❖ 做好水分补充

身体在运动时，会因为流汗而丧失水分。一般来说，普通人每天需要喝 8 杯水，而当进行运动时，则需要更多的水分来防止身体脱水。正确的补水方法是：少量多次，可以在每次组间休息时喝一小口水，每次饮水量不超过 100 毫升，最好是温开水，即使是在炎热的夏季，也不应饮用冰水。

此外，运动后要避免喝含有咖啡因的饮料，如咖啡、汽水和茶。因为咖啡因有利尿的作用，会令你体内水分补充不足；虽然汽水也可以提供水分和糖类，但不是适合的运动型饮料，所以练习者们应尽量避免饮用这些饮料。

对于女性朋友来说，由于对热能比较敏感，加上女性的生理特殊性，最好饮用专业的女性健身饮料。另外，及时补充水分会减少饥饿感，利于减少食欲，对于减肥人群来说十分重要。

第二章

项目分类篇

徒手健身运动分类及运动说明

❖ 准备活动

运动是一种身体反射活动，身体的各种反射活动要协调地组合起来，必须要有一段“磨合”时间。在进行徒手健身运动之前，应进行 10 ～ 30 分钟的准备活动，从而使许多动作联系接通，让许多反射活动逐渐协调起来。做好充分的准备活动，可以提高徒手健身的运动效果，还能在很大程度上预防运动损伤的发生。

由于徒手健身运动的运动强度不大，准备活动可以进行一般性的活动内容。下面介绍一套常见于学生体育课堂的准备活动。

头部运动

双手叉腰，两脚并立，头部做向前、向后、向左、向右点

动 2 个 8 拍。再顺时针、逆时针绕动 2 个 8 拍。

扩胸运动

双脚左右开立，屈臂向后振动加直臂向后振动 2 个 8 拍。

体侧运动

双脚左右开立，左手叉腰，右手上举，上臂贴耳，掌心朝左，随上体有节奏地左倾。

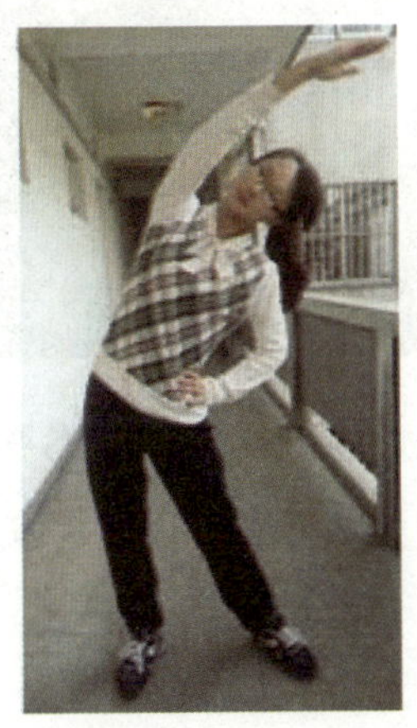

体转运动

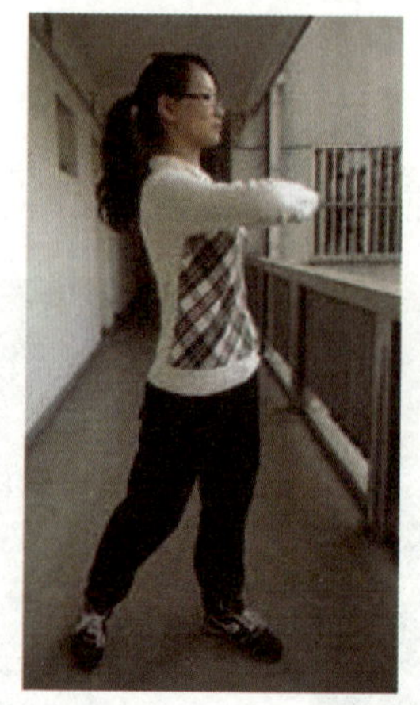

双脚左右开立，两臂屈于胸前，并随身体有节奏地向左、向右转动 2 个 8 拍。注意身体转动时，双脚不要移动。

弓步压腿

左脚向前迈一大步，左腿弓，右腿绷直，双手叉腰，双眼平视。注意适当用力将腿向下压，感觉到右腿绷直为宜。2 个 8 拍后换右腿。

踢腿运动

两臂左右平伸与身体呈十字状，左腿向后半步，重心置于右腿，两臂下摆后振，左腿向前上方踢。4 次后换右腿前踢。

❖ 室内运动

局部运动

1. 头部

动作方法：

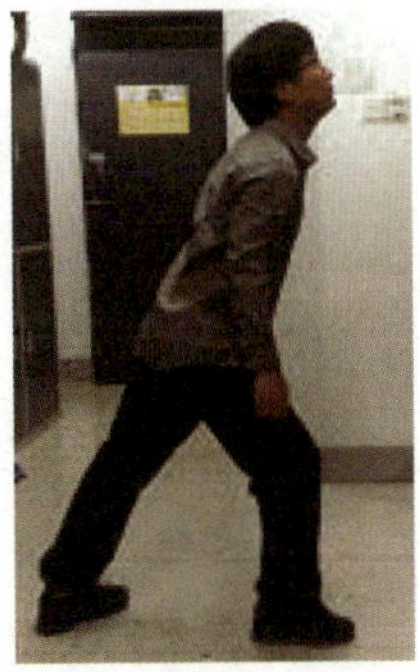

两脚前后站立，前腿屈膝。两臂和肩膀同时向下垂，头部尽力向前伸。双腿保持不动，头向左向右转动。

动作功效：

通过头向不同方向的运动，锻炼头部、脊椎，调节头部对颈椎造成的压力。

小贴士

双臂和肩要尽力向下沉。

2. 颈部

动作方法：

方法一：双脚左右开立，双手抱于头后，将头向前下方压，颈部施以适当的抵抗力，阻止双手将头压下。保持此姿势 10 秒或稍长时间，然后双手放下，自然放松。

方法二：右手掌置于头部右侧，将头向左侧压，颈部则施以适当的抵抗力，阻止右手将头压向左侧。保持此姿势 8—10 秒或稍长时间，放松 10 秒，再换方向练习。

动作功效：

此方法可以放松颈部肌肉，有效缓解颈部疲劳和肌肉酸痛。

小贴士

练习时，应挺胸收腹，并且双手将头向下压时要用力平稳。上身应保持正直，不得歪向一侧。

3. 肩部

动作方法：

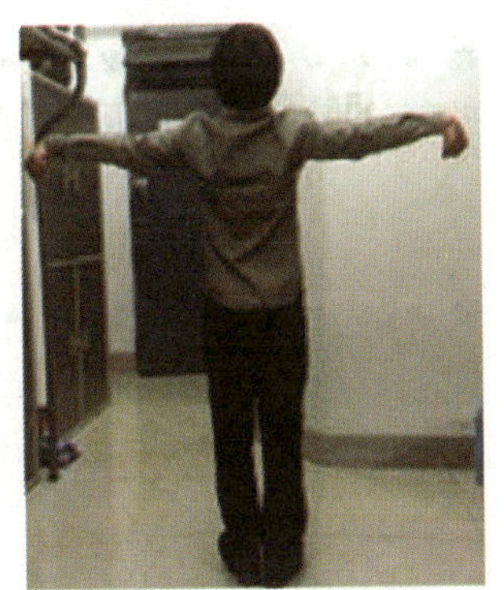

双脚站立，双腿并拢，双臂左右平伸与身体呈十字状，双手握拳，从腕处下弯，弯至最大限度为止，同时吸气，坚持10秒钟后松开双拳，同时吐气。可反复做15遍。

动作功效：

此方法能放松肩部肌肉，缓解肩部僵硬和肌肉酸痛。

小贴士

练习时应保持呼吸与动作的一致。

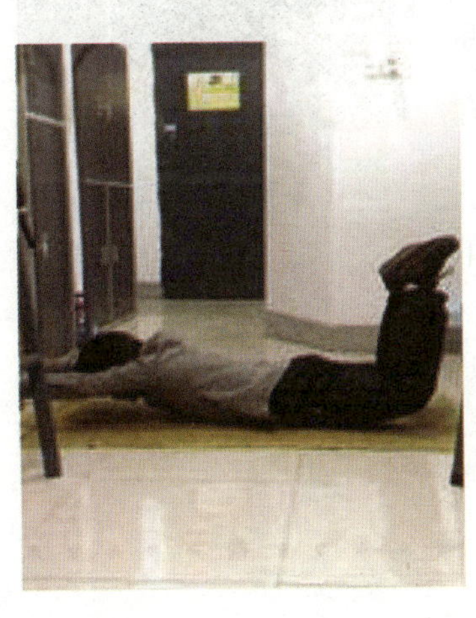

4. 背部

动作方法：

俯卧于垫子上，双脚自然伸直，两臂上举贴耳，腰腹用力，手脚同时向臀部收缩。腹部着地，头部、胸部、手臂和脚都离开地面。保持此姿势5～10秒，然后放松。此动作适宜每日做3组，每组10次。

动作功效：

锻炼背部肌肉，塑造背部线条。

小贴士

手、脚、腹部同时用力，并且注意配合。

5. 臂部

动作方法：

方法一：正坐于桌前，两手托住桌子下沿，大臂与小臂呈 90 度角，肱二头肌极度绷紧，尽力将桌子向上托起。保持此静止姿势 8 ～ 10 秒或稍长时间，然后放松。

方法二：保持身体直立，两臂自然垂于体侧，双手背朝后，半握拳状态。上身略微前倾，两臂伸直朝后上方抬起，抬至不能再抬为止，大臂紧绷。保持此静止姿势 8 ～ 10 秒或稍长时间，然后放松。

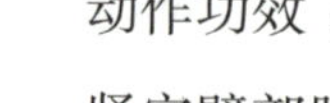

动作功效：

紧实臂部肌肉线条。

小贴士

上臂紧绷力度一定要充足。

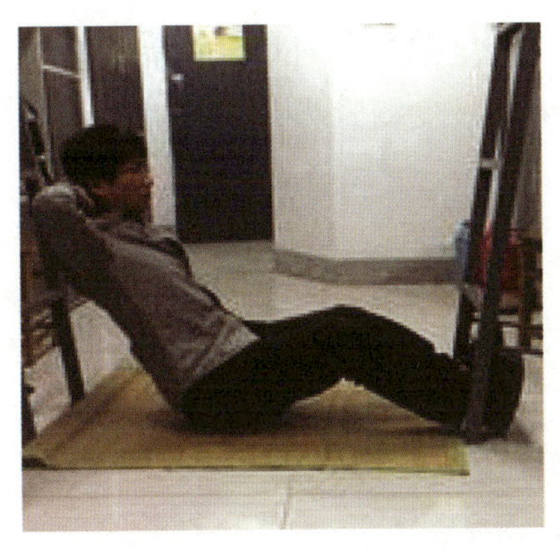

6. 腹部

动作方法：

方法一：仰卧，双脚固定，上身坐起，上身与下肢间的角度大于 90 度，腹部极度绷紧，保持此静止姿势 8 ～ 10 秒或稍长时间，然后放松。

方法二：仰卧，下肢和上身同时向上用力抬起，呈“V”字形，腹部极度绷紧，保持此静止姿势 8 ～ 10 秒或稍长时间，然后放松。

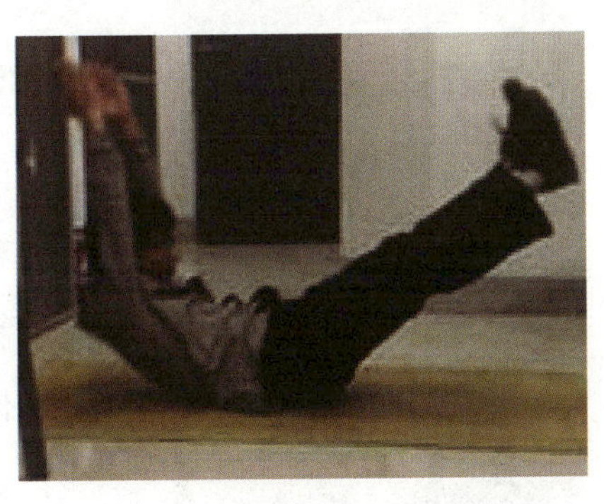

动作功效：

消耗腹部脂肪，使腹部肌肉更有力量。

小贴士

不能用手辅助，完全依靠腹部的力量。

7. 腿部

动作方法：

方法一：半蹲，大腿与地面保持水平，两臂交叉抱于胸前，

上身尽可能与地面垂直，感受到股四头肌极度绷紧为宜，保持此姿势8～10秒或稍长时间，然后放松。

方法二：坐于桌前，手扶桌子，脚尖点地，脚跟抬起，小腿极度绷紧，保持此姿势8～10秒或稍长时间，然后放松。

动作功效：

消耗大腿脂肪，优化腿部线条。

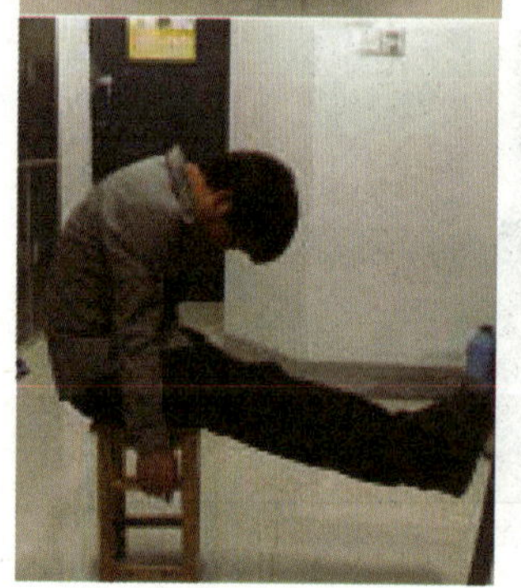

全身运动

下面介绍一组健身操动作，通过对上肢和下肢的协同动作，练习者的协调性和灵活性将得到提高。

动作方法：

1. 双脚左右开立，双臂左右平伸，上身保持直立，慢慢向下蹲，同时吸气，保持此姿势5秒，然后缓缓向上，同时呼气，恢复直立姿势。

2. 双脚左右开立，两臂向前平伸，左脚向右上踢右脚，然后换右脚向左上踢左脚，反复做8次。

3. 直立，双手叉腰，左腿抬起，用小腿带动左脚做顺时针画圈，速度可以结合自身条件调节。然后换右腿重复上述动作。

4. 直立，左手扶墙，左脚尽力向上抬起，放下后再抬起，重复10次后，换右腿继续做10次。

5. 仰卧姿势，两臂自然放在身体两侧，两腿伸直平放。双腿同时上抬，与身体呈90度，保持5秒。两腿分开，向侧面展开，保持5秒，双腿收回并拢，缓缓放下。

6. 仰卧姿势，两臂自然放在身体两侧，两腿伸直平放。右腿缓缓上抬，与身体呈90度，保持5秒，恢复原姿势，然后换左腿重复上述动作。做的时候要保持呼吸均匀。

7. 仰卧姿势，双腿并拢，伸直抬起。两手抓住左脚踝，并将其向上抬，右腿尽力平放，保持5秒，然后换右腿做。

8. 坐地，两腿并拢伸直，两手在身体后方撑地，仰头挺胸，臀部收紧，身体向前上方抬起。

9. 俯卧，双腿并拢，两小腿向后弯曲上抬。双手分别握住左、右脚踝，用力将小腿向上拉。可以反复做大约3分钟。

10. 仰卧，双手自然放在身体两侧，双腿上举，做蹬踏自行车的动作，大约2分钟即可。

11. 正坐，双腿伸直向前，双手交叉，抱紧胸部。弯腰，头尽量向下，贴住膝盖，保持10秒。可以做2组，每组3个。

❖ 室外运动

散步

散步是日常生活中最简单易行的徒手健身运动。运动量虽不大，但效果却很明显。人们常说“饭后百步走，能活九十九”“百练不如一走”，足以说明散步在保健中的地位。

散步可使全身肌肉、关节、筋骨都得到适度的运动，饭后散步，还利于食物的消化和吸收，并且其不受年龄、体质、性别、场地等条件的限制。

散步作为一种简单、经济、有效，并且适合人类防治疾病、健身养生的好方法，只要遵守某些基本原则，便会增强并维持身体健康。因此近年来，散步在养生、预防、治疗、康复等方面的作用越来越受到重视。以正常步伐散步，是非常有效的运动方式，而且它不会消耗太多的热量。要使身材匀称并消耗更多的热量，需要以轻快的步伐来行走，会感觉到身体散发热量。

1. 普通散步

挺胸、收腹、抬头。自然向前迈步，脚跟先着地，同时两臂自然前后摆动。每分钟60～90步，每次20～40分钟，每日2—3次为宜。此方法适合有心脑血管疾病、呼吸系统疾病和关节炎的老年人。

2. 快速散步

挺胸、收腹，两腿迈步频率加快，手臂配合两腿自然摆动，高度不高于胸。每分钟90～120步，每次30～40分钟。此方法适合于慢性关节炎、胃肠道疾病和高血压恢复期人群。

3. 摆臂散步

挺胸、收腹、抬头，在双腿迈步时，两臂随步伐做大幅度的摆动，双手自然握拳。每分钟60～90步，每次30～40分钟。此方法可增强肩关节、肘关节、胸廓等部位的活动。此方法适合于胃炎及上下肢关节炎、慢性气管炎、肺气肿等患者。

4. 倒退散步

散步时双手叉腰，两膝挺直，两腿交替向后迈步，前脚掌先着地。先向后退 50 步，再向前走 100 步，每分钟 60 ～ 90 步，每次 30 ～ 40 分钟。此方法可防治老年人腰腿痛等病症。

散步的功效：

提高消化能力。由于人在散步时，腹部肌肉收缩，呼吸加深，腹壁肌肉对胃肠进行摩擦，会加强消化系统的血液循环，胃肠蠕动增加，提高了消化能力。

改善呼吸系统功能。研究表明，人在散步时，肺的通气量会比平时增加一倍以上。

提高机体代谢率。中老年人以每分钟 50 米的速度散步，代谢率提高 48%。如果每天步行 1 小时，走 4000 ～ 5000 米，要消耗大约 300 千卡的热量。

增强心血管的机能。经常散步可以调节整个血液循环系统和呼吸系统的功能，防止肌肉萎缩，保持关节的灵活性。人在散步时下肢要支持体重，使小腿、大腿和臀部肌肉及骨骼都能得到锻炼，同时身体向前位移，需参加活动的下肢肌肉群和身体其他部位协调配合，心脏则必然要加强收缩，加大心脏的血液输出量，这对心脏是一个很好的锻炼。例如，以每分钟 80

米的速度散步，一般每分钟心率可达 100 次。

有助于消除疲劳。在户外新鲜空气中步行，大脑思维活动变得清晰、灵活，可有效消除脑力疲劳，提高学习和工作效率。据有关专家测试，每周步行 3 次，每次 1 小时，连续坚持 4 个月者与不喜欢运动的人相比，前者反应敏锐，视觉与记忆力均占优势。

慢跑

慢跑是一种有氧运动，目的是以较慢或中等的节奏来跑完一段相对较长的距离，以达到热身或锻炼的目的。其运动强度大于散步，长期坚持则更有利于身体健康，增强体质，减肥瘦身。

动作方法：

做好准备活动后，身体略前倾，双眼平视前方。重心抬高，膝关节放松，一条腿后蹬时，另一条腿屈膝前摆，小腿自然放松。大腿向前抬起，小腿前摆，以脚跟先着地，然后迅速过渡到全脚掌着地，落地腿的膝关节略弯曲。

慢跑时应注意控制呼吸的力度和节奏，尽量采用腹式深呼吸，可以两步一呼，两步一吸。对于节奏稍快的人来说，可以三步一呼，三步一吸。

慢跑的时间取决于练习者的身体状况。对于初学者来说，刚开始阶段，每次慢跑 10 ～ 15 分钟，每周 3 次为宜。一个月后，可将时间延长至 20 ～ 25 分钟，每周三次。完全适应之后，可以每次 30 ～ 50 分钟，每周 3 次。另外，慢跑适宜于下午进行，宜在 17—18 点之间。

慢跑的功效：

增强肌肉与肌耐力。肌肉与肌耐力是我们平时维持工作与应付紧急情况的能力，而规律不间断地慢跑可增强肌肉与肌耐力。

增强心肺功能。研究表明，进行轻松的慢跑运动，能增强

呼吸功能，提高人体通气和换气能力，使肺活量增加。慢跑时所供给的氧气较静坐时可多 8 ～ 12 倍。氧气对维持人体生命活动是必不可少的，吸氧的能力大小又直接影响到心肺功能。一般情况下，老年人吸氧能力较低，而锻炼能提高吸氧能力。练慢跑的老年人，最大吸氧量不仅显著高于不锻炼的同龄老年人，而且还高于参加一般性锻炼的老年人。慢跑运动可使心肌增强、增厚，具有锻炼心脏、保护心脏的作用。多年坚持慢跑运动的老年人的心脏大小及功能与不参加锻炼的 20 岁的年轻人的心脏无异，这是因为长期坚持锻炼，改善了心肌营养，使得心肌发达，功能提高。

消耗热量。慢跑能消耗热量，长期坚持可以达到健康减肥的目的。

小贴士

由于慢跑属于室外有氧运动，在天气过于寒冷或练习者生病感冒时最好不要勉强进行。另外，不正确的慢跑方式可能引起足弓下陷、汗疹、跟腱劳损以及膝部后背病痛等不良后果。所以，慢跑前要做好准备活动；慢跑时要穿合适的鞋和宽松的衣服，要充分掌握动作要领，更要根据自己的身体状况选择合适的距离和时间。

爬山

爬山是一项既可以锻炼身体，又可以放松心情的户外有氧运动。爬山利于增强练习者的肌肉力量，增强身体协调性等，

其作用比较全面。从医学角度来说，爬山对人的视力、心肺功能、四肢协调能力、体内多余脂肪的消耗、延缓人体衰老等五方面有很直接的益处。

练习者在爬山之前，要充分了解自己的身体状况是否适宜爬山。对于患有呼吸系统慢性疾病、血液病、痛风、红斑狼疮、

肝硬化的人群来说，不宜进行此项活动。另外，由于老年人关节功能的退化，心脑血管承受力下降，在进行爬山运动时，要注意适度，行进过程中要多休息，多补充水分。

上山时，身体略微前倾，弯腰屈腹，保持呼吸均匀，稳步踏地前进;下山时，微微凸腹，屈膝，重心稍向后移，步速放缓，幅度小而稳，切不可东张西望，分散注意力；途中通过杂草地区时，要采用高草拨分、低草踏压、藤草迈跨的方法前进；通过灌木丛时，要环视四周，注意不要被树枝钩扎到衣物或身体。

爬山途中，要及时补充水分。十分劳累时，可选择安全的空地坐下来，按摩腿部，放松肌肉，同时做深呼吸。

另外，爬山的好时节一般为秋季。入秋之后气温下降，湿度降低，如果人们在此时进行爬山运动，能更好地享受秋季的凉爽和舒适。最重要的是，秋季独特的气候、气象的变化对人体的生理功能有着特殊的好处。随着高度的上升，大气中被称

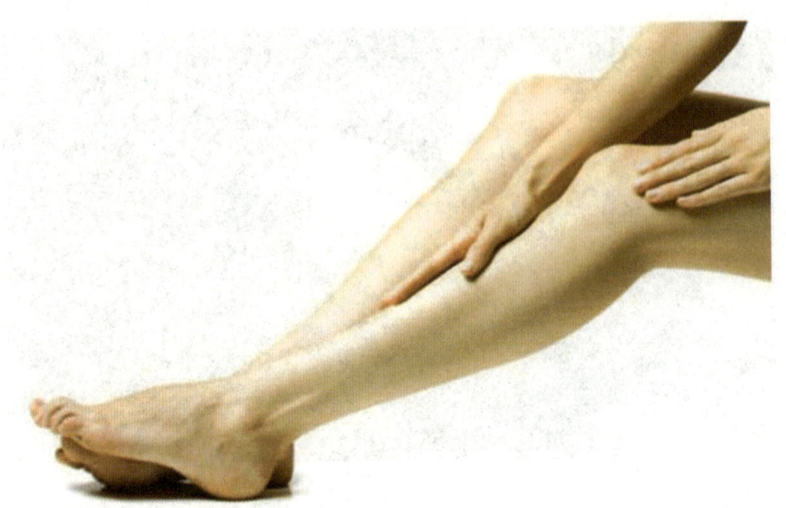

为“空气维生素”的负氧离子越来越多，加上气压降低，能促进人的生理功能发生许多变化，对哮喘等疾病起到辅助治疗的作用，还能够降低血糖，增多贫血患者的血红蛋白和血红细胞数。但是，爬山要注意避开气温较低的早晨和傍晚，行进速度不能过快，上下山的过程中要通过增减衣服来适应空气温度的变化。

对于爬山后可能产生的腿部肌肉酸痛，练习者可以采用热水敷、按摩等方法来缓解。下面介绍几种按摩方法：

方法一：双手松握，以拳心着于酸痛肌肉处，做上下交替而有节奏地叩打，约10分钟。

方法二：两腿左右分立，上体前倾，双手有节奏地拍打大腿肌肉。大腿抬起，反复拍打小腿肌肉，约30分钟。

方法三：在大腿和小腿肌肉酸痛处涂抹上红花油，双手搓热后，在疼痛部位顺时针推按，约 15 分钟。

骑自行车

自行车在我国是一种很普遍又十分便利的交通工具，用于人们上下班和郊游。据近年来研究的结果表明，骑自行车和跑步、游泳一样是一种能有效改善人们心肺功能的耐力性锻炼。

技术要点：

虽然自行车分为普通自行车、公路自行车、山地自行车等，但是一般通过普通自行车运动就能达到日常健身的效果。下面简单介绍一下普通自行车的骑行技术要点。

平地直路技术：保持稳定，上身不要晃动，保持放松姿态，切勿身体僵硬。从臀部开始发力，带动大腿，再带动小腿，不使用小腿和脚踝的力量。

大弯道技术：转弯时，要将身体与车子以同样的角度向内

侧倾斜。一般情况，倾斜度如果大于 30 度，车轮将失去与路面的摩擦力。

小弯道技术：身体略向内侧倾斜，保持垂直姿势。车子倾斜的角度大于躯干。

上坡技术：上坡骑行要保持正常的蹬踏动作，不可突然用力。遇到短距离坡路，应充分利用惯性原理，轻松地蹬踏。快到坡顶时可采用站立式骑行，把速度尽可能提高，同时给下坡加速创造有利条件。坡路较长或有陡坡时，可交替使用站立式骑行方法，调整用力部位，让部分肌肉得到休息。

下坡技术：下坡骑行想要达到理想效果，就要勇敢机智、胆大心细、精力集中，两眼密切注视前方路面，随时准备果断处理路面上出现的任何情况。不仅要充分利用车子的惯性滑行，而且要敢于主动蹬踏，加大速度。

自行车运动的功效：

能预防大脑老化，提高神经系统的敏捷性。现代运动医学研究结果表明，骑自行车是异侧支配运动，两腿交替蹬踏可使左、右侧大脑功能同时得以开发，防止其早衰及偏废。事实上，因为踩单车可以压缩血管，使得血液循环加速，大脑摄入更多的氧气，运动者会吸进更多的新鲜空气。

研究表明，骑自行车运动对内脏器官的耐力锻炼效果与游泳、跑步相同。此项运动不仅使下肢髋、膝、踝 3 对关节和 26 对肌肉受益，而且还可使颈、背、臂、腹、腰、腹股沟、臀部等处的肌肉、关节、韧带也得到相应的锻炼。

健康减肥。由于骑自行车是周期性的有氧运动，会使锻炼者消耗较多的热量，可收到显著的减肥效果。但是必须持之以

恒，才能巩固效果。

能提高心肺功能。自行车是改善心肺功能的最佳工具之一，长期坚持骑车，能提高心肺功能，达到抗衰老、防疾病的功效。

小贴士

自行车的车座不宜过高，并且应富有弹性，防止骑车时臀部左右扭动，从而减少局部摩擦；骑车时臀部坐正，两腿用力均衡，防止一侧用力过猛；女性的生理用品如卫生巾、短裤等质地要柔软，在月经期最好少骑或不骑自行车；车座太高，骑车时臀部必然左右错动，容易造成擦伤，车座前部也不宜上翘；骑车时间较长时，要注意变换骑车姿势，使身体的重心有所移动。

骑自行车运动，不仅可以在户外进行，而且在室内也可以开展。在室内时，一般要借助固定自行车等专门的健身器械方可进行。有条件的家庭可以把车购回，放置在封闭阳台等处，进行这一健身活动；也可以利用有双支架的，能使自行车后轮悬空的旧自行车，经充分固定后骑用。在室内开展此项运动，可以减少在户外因交通拥挤或路面不平整而发生的骑车损伤。

不同人群徒手健身运动的适用方法

❖ 男性

随着生活节奏的加快及工作压力的增大，不少男性上班族将运动集中在周末进行，以此来弥补平时锻炼的不足。但是由于平时在办公室久坐，身体已适应了不运动的状态，骤然地集中式运动，会打破生理和机体平衡，运动效果也会大打折扣。

科学有效的做法是，每周锻炼 3 ～ 5 次。对于男性上班族来说，可以利用平日的一点闲暇时间，进行徒手健身运动。若长期坚持，则会真正地提高体能，增强身体素质。

各个年龄段的男性，应选择不同的健身方法。

20 岁左右的男性，负荷能力较强。适宜慢跑、游泳、骑自行车等方法，每次 30 分钟，每周 3 ～ 4 次。

30 岁左右的男性，尤其是久坐办公室的人，应重点进行伸展运动，尤其是背部和腿部。可以选择

仰卧，双腿弯曲，尽量将膝盖上抬，拉到胸部位置，保持此姿势30秒钟。此方法可每天都用，每次做20个为宜。另外，此年龄段的男性，在进行慢跑和游泳等项目时，时间可缩短至10～25分钟。

超过40岁的男性，不但需要通过徒手健身运动来放松身心、锻炼身体，还要预防高血压、心血管疾病等老年性疾病。这个阶段的男性，可以选择爬楼梯、快步走、散步等徒手健身方式，每日2～3次为宜。也可以在办公室或者家里进行半下蹲的锻炼方式，方法是：双脚左右分立，与肩同宽。眼睛平视前方，双手叉腰，深吸一口气。膝盖弯曲，上体正直，向下蹲至大腿与地面平行。保持此姿势5秒钟，呼气，慢慢恢复站立。每日10组，每组8～12次为宜。

对于身体瘦

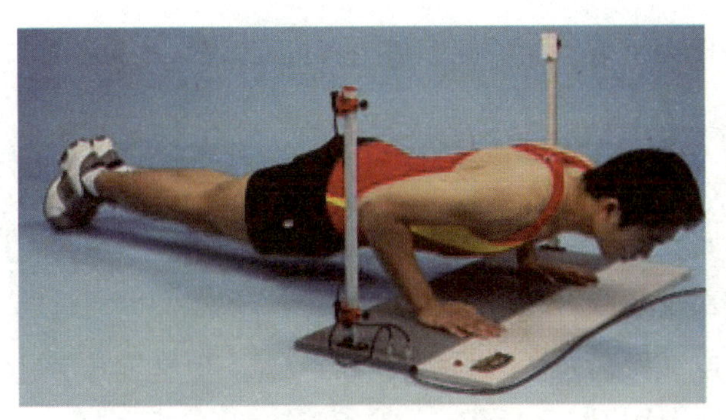

弱、需要加强肌肉力量的男性来说，适合在办公室或者家里进行下列徒手健身运动：

运动一：左右各摆放一个椅子，双手支撑在上面，做俯卧撑动作，注意收腹挺胸，尽量拉伸胸部，锻炼胸部肌肉。每次3组，每组10个。

运动二：俯卧，双手抱于头后，靠腰的力量将上体向上，同时收腹，呼吸保持均匀，此方法能增强腰部力量。每次5组，每组5个。

运动三：坐于椅子上，腹部用力，将双腿抬起向上。此方法能消耗腹部脂肪，锻炼腹部肌肉。每次5组，每组10个。

运动四：面朝墙壁站立，双手触墙，大腿均匀用力，使身体缓慢下蹲，直到大腿与地面平行。保持此姿势8—10秒钟，此方法可以消耗大腿脂肪，塑造腿部线条。每次4组，每组8个。

运动五：面对桌子站立，一手扶住桌沿，身体保持正直，单脚提起，同侧手抓住脚踝。保持此姿势15秒钟，绷直提起的腿，感觉到大腿肌肉紧绷为宜。每组6个，3组后换另一条腿。此方法能伸展腿部肌肉，使其得到放松。

运动六：坐于椅子上，双脚打开，颈部放松，手臂自然垂于两侧，身体向下弯，保持此姿势 15 秒钟，慢慢恢复坐姿。每次 4 组，每组 5 个。

❖ 女性

现代女性对苗条身材的追求越来越强烈，很多女性通过选择去健身房、吃减肥药来达到减肥瘦身的效果。但是健身房过

度的训练会带来很多副作用，吃减肥药的害处更是不胜枚举。健美专家对女性健身的建议是：女性应重点练习形体，通过平衡操、健美操、仰卧起坐、游泳等徒手健身运动来消耗脂肪，塑造完美的线条。

介绍一套适宜女性瘦身的健身操：

1. 双腿左右分立，与肩同宽。两臂上举，紧贴耳朵，上体前倾，向下弯曲，保持呼吸均匀，然后自然恢复站姿。每次 4 组，每组 4 个。

2. 仰卧，固定脚踝，两臂自然贴放于身体两侧。上体尽力向上抬，与下肢的角度呈 90 ～ 120 度为宜，保持姿势 3 ～ 5 秒钟。每次 4 组，每组 5 个。

3. 仰卧，双手自然垂放在身体两侧，脚尖绷直，双腿并拢伸直，向上抬起。保持 30 ～ 50 秒钟，自然放下，保持呼吸均匀。每次 4 组，每组 8 个。

4. 跪于地面，双手撑地。坐在两小腿的左侧，双手撑右侧地面，保持 3 ～ 5 秒钟，再做另一侧。每次 4 组，每组 5 个。

5. 背靠墙壁，双手自然垂放于身体两侧。双腿并拢，用力踮起脚尖，保持 8 ～ 12 秒钟，恢复站立。每次 5 组，每组 8 个。

6. 面对椅背站立，双腿并拢，左手扶住椅背，右腿尽力向

侧面抬起，右手抓住右脚踝，呼吸均匀，保持 10 秒。每次 5 组，每组 6 个。

另外，对于女性减肥者来说，登楼梯是一个非常简便和有效的途径。下面简单介绍三种登楼梯减肥方法：

1. 循环登楼梯法：减肥者可以选择一段楼梯上下反复循环练习，循序渐进地增加登楼梯的时间。这个方法适合居住楼层低的、锻炼条件较差的减肥者。

2. 反登楼梯法：与倒退散步的道理一样，减肥者手扶楼梯扶手，

背对楼梯，以缓慢的速度向上登。这个方法只适用于单纯的减肥者，不适用于患有高血压、心脏病以及各种慢性病的减肥者，老年人也不宜采用。

3. 间歇登楼梯法：减肥者可以连续登 3 分钟的楼梯，休息 3 分钟，再继续登 3 分钟。每次最多不超过 20 分钟，经过 1 ～ 2 个月的锻炼之后，可以根据自身锻炼效果酌量延长登楼梯的时间。这个方法适用于体型过胖者和初次登楼梯减肥者。

小贴士

女性健身运动时，有 5 个部位比较容易受伤，要注意保护：

1. 颈部和上背部：女性常常会受到焦虑情绪的困扰，使得本来就不发达的颈部和上背部的肌肉更容易处于紧张状态，所以会比较容易在运动中受伤。女性可以通过锻炼柔韧性的健身操或者瑜伽运动来锻炼这两个部位的肌肉。

2. 腕关节：白领女性整天面对电脑，敲击键盘，用手机发短信等，都会导致腕关节在运动中比较容易受伤。所以女性朋友在平时要多保护腕关节，尽量让手处在自然的位置，经常活动手腕。

3. 下背部：对于常常久坐的女性朋友来说，下背部是个很脆弱的部位。因为久坐的姿势使得肌腱处于紧张状态，而肌肉却松弛着，长此以往后背会比较脆弱，容易在运动中受伤。所以在锻炼的时候，要多做腿部运动，少做腰部运动，减少下背部的压力。

4. 膝盖：女性平足或常穿较高的高跟鞋爬楼梯的话，膝盖会比较脆弱，更容易受伤。一旦在运动中膝盖受了伤，要及时咨询医生，缓解疼痛，医治伤痛。

5. 脚后跟：女性朋友选择穿高度过高、缓冲力不够的高跟鞋时，往往导致跟腱变得容易受伤，而穿平底鞋就不会如此。因此，除了运动中要注意保护脚后跟外，平时还应该少穿高跟鞋，多穿舒适的平底鞋、休闲鞋。

❖ 少年儿童

随着经济的发展，人们的物质生活得到了极大的改善。但是，科学的健康观念却并没有随之增长。从20世纪90年代以来，我国肥胖人群快速增加，其中少年儿童肥胖问题尤其值得关注。缺乏体育锻炼、喜爱吃洋快餐的生活习惯，更是让高血压、高血脂、糖尿病等病症出现在少年儿童人群中。

少年儿童主要器官的发育特征体现在：

身体形态：少年儿童的身体形态和体形与成人不同，受身体发育两次突增期影响，表现在体形的特点是头大、躯干长，四肢短，重心不稳，皮下脂肪分布在四肢较多，躯干较少。10岁以后身体发育进入第二突增期，特别是到了青春期，由于骨骼、肌肉迅速发育，形态变化很大。神经系统兴奋与抑制不均

衡，注意力不集中，抑制能力差，但随着年龄增长将得到改善。神经工作能力低，容易产生疲劳，但是疲劳消除得也快。

骨骼与肌肉：骨骼生长快，韧性大，不易骨折。关节囊、韧带伸展性好，活动范围大，但是坚固性差，容易变形。肌肉力量与耐力较差，容易疲劳。

心脏血管系统：儿童与青少年的心率较成年人快，随着年龄的增加而逐渐减慢，20 岁左右趋于稳定。由于少年儿童的神经调节机能尚未十分完善，神经活动过程的兴奋性较高，因而在体力活动和情绪紧张时，常出现心跳显著增加和心律不齐的现象。少年儿童的脉搏输出量和每分钟输出量的绝对值比成年人小，但其相对值(以每千克体重计算)比成人大，年龄越小相对值越大。这就保证了在发育过程中因身体代谢旺盛所需的氧供应。这个特点说明了少年儿童的心脏能适应短时期紧张的体育活动。但由于心脏发育不完善，在与成年人进行同样负荷运动时，心率比成人高，这说明少年儿童在运动时主要靠增加心率来增加血液输出量。青春期前的儿童的血压较成人低得多，年龄越小血压越低。其原因是血管的发育先于心脏，年龄越小，血管发育超过心脏发育的程度越大，因此血管内的阻力越小。

呼吸系统：还不够健全，胸廓小，肺容积与肺活量小，呼吸调节能力差。少年儿童的肺活量较小，呼吸频率较快，随着年龄增长，呼吸频率逐渐减慢，肺活量逐渐增加。由于少年儿童的呼吸肌发育较弱，胸廓较小，肺活量较小，因而在体育活动中主要靠加速呼吸频率来增大肺通气量。

由于少年儿童的神经调节机能尚未十分完善，当进行运动时，呼吸与运动动作不能很好配合。年龄越小，这种不协调现象越明显。因此，应指导少年儿童掌握正确的呼吸方法，以促进呼吸器官的发育。随着年龄的增长和适当的体育锻炼，呼吸功能将得到完善。

心脏缩力较弱，植物神经系统对心脏的调节功能还不完善。

少年儿童时期是身体健康和各项身体素质发展的关键时期，适当

地、科学地进行体育锻炼，能促进青少年肌肉、骨骼系统的发育，增强体质，预防各种疾病出现在少年儿童人群中。

少年儿童的年龄范围比较模糊，一般指5—18岁的孩子，由于年龄差异较大，身体的发育水平明显不同，另外，即使年龄相同，由于生长的环境不同、生活习惯不同、营养状况不同、运动经历不同，其体质状况、运动能力亦有较大差异。因此，少年儿童在进行徒手健身运动时，一定要根据自身的实际情况，制订合理、科学的方案，不能盲目训练。

在确保每天参加体育锻炼的前提下，少年儿童每周至少应进行3天大强度运动，这对增强体质非常重要。跑步虽然是一项单调的、趣味性

不高的运动，但却是全面提高少年儿童身体素质的重要运动方式，是每周必练的运动项目。

小贴士

儿童在跑步的时候，要格外注意安全性，最好有父母或老师的带领。跑步鞋要软而且合脚，服装要宽松、舒适。跑步之前要做好热身运动，结束之后要做放松运动。

儿童阶段最好不要进行专门的器械力量练习，而是选择一些具有力量练习特点的运动方式，如跳绳、投掷网球、各种游戏等。儿童可以选择专门为他们设计的力量练习方式，如各种拉力带等。儿童每次专门力量练习时间不要超过10分钟，每周不要超过2次。

青少年是发展肌肉力量的黄金时期。力量练习不仅可以增加肌肉力量，而且可以促进骨骼发育，提高心肺功能。力量练习应作为促进青少年身体机能全面发展的运动健身方案的重要组成部分，应高度重视。力量练习的方式和负荷要根据年龄确定。

青少年要以徒手力量练习为主，如仰卧起坐、俯卧撑、引体向上等徒手力量练习等。

少年儿童进行专门力量练习时要注意全面发展，使身体各部分肌肉都得到提高。登山、爬楼梯、健美操、投掷、各种球类运动等对发展肌肉力量均能产生积极作用，可作为青少年提高肌肉力量的练习内容。

青少年肌肉等软组织弹性好，适合进行各种柔韧性练习。既可以在各种体育活动中发展柔韧性，也可以通过各种专门的牵拉练习提高柔韧性。

❖ 中老年人

中老年人的机体功能有所退化，在选择健身方式时，要注意避免负荷较大的运动项目。低强度的徒手健身运动对于中老年人的锻炼需求来说十分适宜。

中老年人在锻炼时应该特别重视有助于心血管健康的运动，如散步、慢跑、骑车等。年龄相对较小、体能较好的中老年人，每周可进行 3 ～ 5 次不同类型的徒手健身运动，每次 40 ～ 60 分钟。在项目选择上，可以综合强度很低和强度稍大的运动，

如散步、爬山、游泳的搭配。年龄较大、体能较差的中老年人的运动量为每周 3 ～ 4 次，每次 30 ～ 40 分钟即可。项目上也应以散步、健步走等强度较小的运动为主。

下面介绍一个在欧美国家备受欢迎的运动处方：

1. 广播体操：中老年人每日做 15 ～ 20 分钟的广播体操，可以在音乐声中锻炼躯体的柔软性。

2. 排球运动：每日进行 15 ～ 20 分钟的排球运动，可以锻炼中老年人的瞬间反应力。

3.1200 米的步行：可以培养持久力和增强肌力。要求每周 1 次，10 分钟内走完 1200 米。但对于关节炎患者、脑血管意外后遗症者及高血压患者不必限制时间，走完 1200 米即可，但脉搏不要超过 100 次 / 分钟。

4. 肌肉、关节屈伸运动：每周 1 小时的肌肉、关节的屈伸、

扭转，可以防止肌肉萎缩、关节僵硬、挛缩；锻炼中老年人的敏捷性和适应性，方式上可以选择扩胸、伸展、体转运动等。

5. 传球运动：每日 10 ～ 15 分钟的传球运动，可以锻炼中老年人对外界事物的反应能力。可以 3 个人以上，傍晚在室外进行。

该处方是根据老年人的生理特点精心设计的，它不仅对老年人的生理，而且对心理，如记忆力、社会适应力及神经系统的功能都大有益处。

下面介绍一套中老年人健身操，可以每日做 20 ～ 30 分钟，锻炼身体的柔软性。

1. 双脚左右分立，与肩同宽，两臂从前向后环绕一周，同时双脚起落踵。

2. 双脚左右分立，双手背在腰后，肩膀向后振 2 次，然后双肩向后振 2 次，可重复做 3 次。

3. 双脚左右分立，与肩同宽。两手放在肩前，掌心向外。左臂上举，髋向右摆。右臂上举，髋向左摆。

4. 双脚左右分立，与肩同宽。左肩下沉，左臂下伸，右肩上提，髋向左摆。然后方向相反做 2 次。

5. 双脚左右分立，与肩同宽，两臂下垂。双肩提起向前绕两周，然后双肩提起向后绕两周。

6. 双脚左右分立，与肩同宽，两臂下垂握拳。左屈臂，右肩下沉，髋向右摆。右屈臂，与之前方向相反。

7. 双脚左右分立，与肩同宽。两臂侧平举，髋向右摆。两臂上举，髋向左摆。屈臂胸前交叉，髋向右摆。两臂下伸，髋向左摆。

8. 双脚左右分立，两臂自然下垂，握拳。两腿屈膝，左足尖放在右足弓处，两肘同时屈于胸侧。双脚左右分立，前臂向后伸直。然后换相反方向重复。

9. 双脚左右分立，与肩同宽，两臂自然下垂，握拳。两腿屈，两臂后伸，同时挺胸伸腰。两腿直立，两臂前平举。上体右转，两臂扩胸。然后换相反方向做。

10. 双脚左右分立，与肩同宽，屈臂握拳于肩前。腰左侧屈，两臂上举，右腿放在左腿后。还原后，换相反方向做。

11. 双脚左右分立，与肩同宽，屈臂握于肩前。上体左转，两臂前后推出，伸腕，十指张开。保持 2 ～ 3 秒，还原后换相反方向做。

12. 左腿前弓步，提踵，右腿向后伸直。双手叉腰，反复压腿伸腰。做 2 分钟后，换右腿前弓步，重复上述动作。

13. 直立，握拳，两臂下垂。向前走三步，第四步左腿抬

起前伸。向后退三步，第四步右腿抬起前伸。还原之后，换相反方向做。

14. 直立，两臂自然下垂。左腿侧前伸，足尖点地。两臂侧上举，贴耳。屈膝，左足尖点地于右足弓处，两臂体前交叉。还原之后，换右腿侧前伸重复上述动作。

另外，当前的中老年人进行晨练的居多。但是，专家研究表明，早晨是一天中肝脏中含糖量最低的时候，而糖主要靠脂肪分解供给。如果中老年人在早晨进行锻炼，则会分解大量脂肪来为身体供给能量。老年人的心肌活动能力低，过剩的脂肪酸会产生毒性，往往会使中老年人心律失常，甚至产生更严重的后果。

第三章

科学健身篇

柔韧性健身指导

柔韧性是指人体关节活动幅度以及关节韧带、肌腱、肌肉、皮肤和其他组织的弹性和伸展能力，即关节和关节系统的活动范围。

柔韧性能加大运动幅度，有利于肌力和速度的发挥，对于许多的运动项目都有十分重要的意义。它是保障运动水平、提高运动技能的主要因素。如果身体具有较好的柔韧性，可以在体操、跳水、武术等项目中，使得动作更加舒展、优美。良好的柔韧性，不仅能提高关节的灵活性，还能使身体在运动中更好地避免损伤。

❖ 影响身体柔韧性的因素

年龄和性别。根据人体的生长规律，初生婴儿的柔性最好。随着年龄增大，韧性会逐渐加强。在 10 岁以前，柔韧性可以自然获得发展，而之后就会相对较低。在 10 岁之前通过

一些柔韧性练习，提高自然增长的柔韧性十分重要。10 ～ 13 岁时，肌肉韧带的弹性、伸展性仍有较大的可塑空间，此时训练柔韧性也会有较好的效果。超过这个年龄再来发展柔韧性，将会使人经受较大痛苦，不仅效果大打折扣，而且容易受伤。13 ～ 15 岁为生长期，骨骼生长速度超过肌肉生长速度，柔韧性下降。此时不应进行过多的柔韧性训练，以免肌肉拉伤。

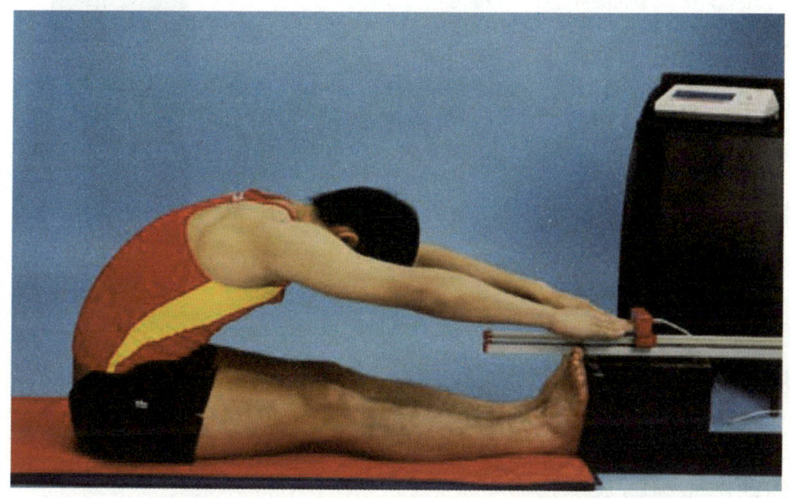

16 ～ 20 岁身体发育趋向成熟，可加大柔韧负荷和难度，在已有的基础上提高柔韧性。根据生理特点，女性的柔韧性要优于男性，所以女性关节的灵活性高于男性。

关节的骨结构是柔韧性最不易改变的因素，基本上由遗传决定。如先天骨盆形态偏平，其髋关节开度就好。关节周围组织体积大小对关节活动幅度有限制作用，它受先天和后天训练的影响。如有些肌肉体积增大后，就会影响其周围关节的活动幅度。因此，控制肌肉体积的增大对提高身体柔韧性是极其重要的。

温度。体内温度和外界温度都会影响身体的柔韧性。肌肉温度升高时，新陈代谢加强，供血增多，肌肉黏滞性减少，从而使肌肉的弹性和伸展性得到提高。当外界温度低时，要进行运动提高肌肉温度，从而增加其柔韧性；当外界温度较高时，要及时排出汗液降低肌肉温度，以免降低柔韧性。

神经转换过程。神经系统兴奋与抑制过程转换的灵活性与运动中肌肉的基本张力有关。特别是中枢神经系统调节对于肌肉之间的协调性改善，以及肌肉紧张和放松的调节能力的提高是至关重要的。研究证明，训练水平高的人，肌肉的随意放松能力很高，这与中枢神经系统支配骨骼肌的神经细胞的抑制深度有关。

另外，遗传、活动水平、心理因素、疲劳程度等都会对人体的柔韧性产生不同程度的影响。

一般可以采用坐位体前屈来测试自己的柔韧素质，使用坐位体前屈测试仪测试。测试时，受试者可以坐在垫子上或平坦的地方，双腿并拢伸直，脚尖自然分开，全脚掌蹬在测试仪平板上。接着双臂并拢平伸，掌心向下，上体前屈，用双手中指指尖推动游标平滑前移，直至不能移动为止。没有该测试仪时也可以进行测试，脚掌与地面垂直，双手尽量向脚尖移动，用尺子测量中指与脚尖的距离，手过脚尖越多越好。女性都应过脚尖，男性都应摸到脚尖。年轻人比这个标准要高，要过脚尖 5—10 厘米以上。用立位体前屈也可以，标准是一样的，心脑血管有疾患或年纪大的人还是使用坐位体前屈测试为好。

青少年是发展柔韧性的重要时期，5—13 岁是发展敏感期，练习效果最佳。提高柔韧性练习方法很多，且简便易学。

对于青少年来说，肌肉、韧带的弹性较大，柔韧性基础较好。除了武术、体操、舞蹈等项目，还可以通过下面日常的徒手运动来训练并提高身体的柔韧性。

1. 仰卧，双臂自然放于身体两侧，双腿并拢。抬起双腿，与躯体呈 90 度，左右分腿，分至极限。保持 5 秒，并拢，再分腿，重复 100 次。适当时间后，可以选择在双脚上负重，以达到更好的效果。

2. 双脚左右开立，与肩同宽。脚尖向腿的方向外八字打开，

上身向下弯曲，用手触碰脚尖。每天可以练习5～10分钟。

3. 双脚左右开立，一腿屈膝全蹲，另一腿伸直，身体向直腿一侧振压。2分钟后，换腿进行。

4. 坐姿，双脚脚底在身前相互贴紧，膝盖向外撑并尽量靠近地面，双手抓住双脚踝，保持这个姿势10秒，放松，然后重复3—5次。

5. 俯身，用双臂和一条腿(伸直，脚尖着地)支撑身体，身体重心集中于支撑脚的脚尖处，脚跟向后、向下用力，另一条腿屈于体前放松。感觉到小腿后部肌肉被拉紧，保持此姿势10秒，放松，重复3次，然后换另一条腿做3次。

6. 坐姿，双腿并拢向前伸直，上身前倾用手指去碰触脚尖，尽量让腹部、胸部贴近腿部，保

持此姿势 20 秒，放松。然后重复 3 ～ 5 次。

7. 双脚左右分立，与肩同宽。两臂自然垂放。腹部用力收紧，双肩利用肩背肌群力量向后环绕 10 次，再向前环绕 10 次。单肩左右交替向后环绕、向前环绕各 10 次。

8. 两腿并拢屈膝，半蹲姿势，两手扶膝，轻轻转动膝部，可以先从左至右转动，再从右至左转动，各自转动或交替转动 10—15 次。

9. 直立，抬起左脚，离地约 15 厘米，脚跟不动，脚尖顺时针或逆时针方向画圈。各 10 圈后换右脚画圈。

10. 两脚左右开立，略宽于肩，两臂自然垂于体侧。以髋关节为轴，使上体自右向左、自左向右地转动。可以通过双臂环绕的动作来增加腰部转动的力度。

良好的柔韧性能让女性看起来体态优雅、步履轻盈、身姿优美，尤其是久坐的办公室

女性，每天做一些柔韧性练习，还可以帮助缓解疲劳带来的身体僵硬感。除了专门去练习瑜伽，一些室内的徒手运动，也能使女性提高身体柔韧性。

1. 直立于桌前。掌心向前，手指向下，撑在桌面上。双腿后伸，踮起脚尖，腰背放松，将整个身体的重量压在手上，把腰彻底拉长。每天练习 15 ～ 20 分钟，可以借助这个动作放松肌肉，减缓疲劳，并且纠正不良姿势对脊柱的扭曲。

2. 直立，双腿并拢。右腿前伸，脚跟着地，脚尖勾起，左腿屈膝。上体向下弯曲，右手握住脚尖。感到背部、小腿部有明显拉伸。保持 10 秒，换左腿前伸，重复上述动作。

3. 直立，右脚踝置于左膝盖。两臂前并举，上体弯曲，屈左膝，让双手触于地面，感到背部有拉伸作用。

4. 双腿劈叉，挺胸直背，双手前平举。上体向下压，双手触地，感到大腿内侧有明显拉伸感。

5. 两膝分开跪地，上体正直，缓慢向后仰，脚尖绷直，双手摸脚跟。初学者可先尝试将脚尖立起。

6. 双脚左右分立，略宽于肩。双臂上举贴耳，双手合十。身体向左侧压，髋关节向右摆。身体不要向前倾或者向后仰。

7. 双脚左右分立，双臂上举贴耳。上体向下弯曲，双腿绷直，腰部下压。手臂伸向前方，肩膀不能下沉。

随着年龄的增长，中老年人连接骨与骨的关节囊、韧带、肌腱等会逐渐发生变性、老化，柔韧性会变得越来越差。从而导致中老年人易患颈椎间盘突出症、腰椎间盘突出症、肩周炎、腰腿痛等疾病，危害身心健康的同时给工作生活带来诸多不便。

研究表明，中老年人经常锻炼柔韧性，不仅能增强身体素质，而且在日常活动中动作更灵活，很少得上述运动系统疾病，肩、膝、腰等关节的扭伤也很少发生。

❖ 适合中老年人柔韧性锻炼的练习方法

压腕。双手十指交叉，手心向外，做压指压腕的动作。充分向前、向上伸展或有节奏振压。

压肩。两人面对站立，互相扶按肩部，做身体前屈的振动压肩动作。

压腰。正坐在垫上，挺胸，塌腰，双腿伸直，身体向前弯曲。两手尽量伸向前方，使胸部贴近腿部，持续 20 秒钟。

压腿。面对肋木或高物，左腿提起，脚跟放在肋木上，两腿伸直，立腰，收髋，上体前屈，向前向下压振，左右腿交替进行。

压踝。跪在垫上，臀部压在踝关节处，向下振压。还可在散步时进行脚外侧走、脚尖走、脚跟走和脚内侧走，牵拉踝关节。

要使中老年人锻炼柔韧性时更科学有效，还应注意以下几点：

1. 要循序渐进，不要太用力，被牵拉的肌肉韧带有轻微不适感即可，不能急于求成。

2. 伸展时不要屏住呼吸，伸展动作要缓慢，可采用伸展——放松——再伸展的方法。

3. 健身活动前或后都可以锻炼柔韧性。健身前做有助于热身，防止受伤，健身后做有助于放松肌肉，消除疲劳。

协调性健身指导

宇宙间的万事万物都讲究协调。明代时，冯梦龙在《东周列国志》第四十七回写道：“凤声与箫声，唱和如一，宫商协调，喤喤盈耳。”可见，音律因为协调而好听。现代社会，我们平日所说的协调能力、协调沟通、行政协调，无一不说明了协调的重要性。

同样，身体的协调对个人来说也很重要，“百度百科”对其定义是：协调性指身体作用肌群之时机正确、动作方向及速

度恰当，平衡稳定且有韵律性。在各项训练中，协调性训练可以说是最为困难的，因影响协调性的因素除了遗传、运动员心理个性外，还有肌力与肌耐力、技术动作纯熟度、速度与速耐力、身体重心平衡（肌力与肌耐力）、动作韵律性（技术动作纯熟）、肌肉放松与收缩，甚至还有柔软度等因素。

❖ 影响协调性的因素

1. 交互抑制——支配动作反面肌肉的神经冲动之抑制或阻止。

2. 力量——肌肉的放松与收缩。

3. 耐力——疲劳会对精致动作有影响。

4. 心智练习——心智练习可以提高精神集中力。

5. 本体感受器——对位置肌肉关节的张力感受。

大家可能会有疑问，既然协调性训练如此困难，那我们平时该怎样锻炼身体的协调性呢？方法因人而异，但是大家要清楚，徒手健身运动只能缓解平时工作学习的疲劳，并不能达到专业运动员的效果，并且要长期坚持才会有预期效果。由于协调性是一种强化训练，需要一定的锻炼基础，以下五种锻炼方法适合经常进行体育锻炼或者健身的人。

锻炼方法一

具体做法：背靠支撑物垂直站立，双脚分开，与肩同宽，两手臂伸直，双手紧握身后的支撑物，上身固定住不动，双腿

分别缓缓向上做举腿动作，举腿的同时注意收腹，尽量举高再慢慢放下，左腿和右腿交换做。

要求：这种方法主要是锻炼腰腹力量，若腰部力量好的话，可以适当把腿举得更高，以身体舒适为前提，注意避免拉伤韧带。收腹举腿时，两腿伸直，膝盖不要弯曲，举腿和放下时都要慢。一组做 10 ～ 15 次，做完后休息 1 ～ 2 分钟，再做下一组练习，一次可做 2 ～ 3 组，每周做 3 ～ 4 次。注意不要在饭后马上进行这项运动，另外，支撑物必须能承受锻炼者的力量。

动作功效：锻炼腰腹力量的协调性，扩展胸腔，增强呼吸机能。

锻炼方法二

具体做法：垂直站立，两腿并拢，自然伸展。手臂伸直，高举过头顶。两手臂缓慢向下压，同时左腿缓慢向上举，向身体中间靠拢，直到手肘下压到腰部，膝盖也举到腰部，这时身体会弯成一个弓的形状，然后恢复起始的状态，换右腿向上举，重复刚才的动作。一组做 10 ～ 15 次，做完后休息 1 ～ 2 分钟，继续下一组练习，每次做 2 ～ 3 组，每周锻炼 3 ～ 5 次。可以在早晨起

床后进行此项运动，或者作为其他体育活动的热身准备。

要求：手臂和双腿要自然伸直，膝盖不要弯曲，手臂和腿

要同时做动作，不要有先后，动作要缓慢而有节奏，手臂下压时（即腿上举时）吸气，手臂向上时（腿放下时）呼气，呼吸与动作要协调。可能有些初练者协调性较差，手肘碰不到膝盖，这是正常现象，随着时间的推移，动作会做得越来越好。

动作功效：锻炼腰部和腹部的协调能力，增强呼吸机能，提高身体的协调性。

锻炼方法三

具体做法：垂直站立，一腿支撑，腿部力量小的锻炼者可以扶着支撑物，另一腿绑上沙袋，或者在脚踝部缠上其他重物，缓慢向前做踢腿动作，直到腿与身体呈直角，再将腿慢慢放下，前踢时吸气，腿放下时呼气，踢 5 ～ 10 次后，换另一腿继续进行。

要求：动作要缓慢，呼吸要跟上踢腿的节奏，踢腿过程中膝盖不要弯曲，所绑物体的重量因人而异，身体舒适最重要，

不要硬撑。另外，不建议有腿部间隙性抽筋的人做此项运动，可以选择其他动作幅度小的适合自己的运动。一组做 5 ～ 10 次，做完后休息 2 分钟，继续下一组练习，每次做 2 ～ 3 组，每周锻炼 2 ～ 3 次。

动作功效：锻炼腿部和腰部的协调性。

锻炼方法四

具体做法：和方法三类似，垂直站立，一腿支撑，另一腿绑上重物，不同在于把向前踢腿改成向身体侧方踢腿，向侧方踢的幅度越大越好，尽量踢到和身体呈直角，侧踢时吸气，腿放下时呼气，踢 5 ～ 10 次后，再换另一侧腿踢动，各交换 3 次。

要求：同方法三。

动作功效：锻炼腿部的伸展和腰部力量的协调。

锻炼方法五

具体做法：与上述方法略有区别。坐在高凳上，小腿绑沙袋或者脚踝部钩住重物，上体自然伸直略含胸，两手扶住高凳

两侧，不负重时，腿处于自然下垂状态，负重的腿钩住重物做圆周运动，做10次圆周运动后换另一腿进行，两腿交换3～4次。

要求：坐在高凳上时，上体保持静止状态，负重的腿以膝关节为轴做圆周运动。一组做10次，做完后休息1分钟，继续下一组练习，每次做1～2组，每周锻炼2～3次。

动作功效：锻炼手臂的支撑力和腿部的平衡力。

❖ 其他几种适合一般人的锻炼方法

为大家介绍完了适合有健身基础人群的锻炼方法，下面我们介绍几种更为简单方便，适合一般人群，并且随时随地在工作、学习和生活中，不需要其他辅助物就可以完成的锻炼。

方法一：

纵跳：垂直站立，双脚并拢，手肘弯曲的同时向上跳跃。

方法二：

前后跳：垂直站立，双脚并拢，手肘弯曲的同时先向前跳，再向后跳。

方法三：

侧跳：垂直站立，双脚并拢，左跳与右跳交替进行。

方法四：

方形跳：垂直站立，双脚并拢，方法要领同上，但向方形位置跳。

方法五：

转向跳：垂直站立，双脚并拢，两手臂向两侧打开，跳起

并转体转 180 度后着地，手臂要维持平衡，可向左或向右跳。

方法六：

单脚转向跳：单脚站立，两手臂向两侧打开，跳起并转体 180 度后着地，手臂要维持平衡。

方法七：

前后跨步：双脚前后跨开，保持腰部以上不动，重心尽量往下，坚持 30 秒，换另一只脚在前，重复上述动作。

方法八：

侧向跨步：方法要领同方法七，但是双脚换成左右跨开。

方法九：

手脚反向：垂直站立，左腿抬起的同时右手高举过头顶，同理，右腿抬起的同时左手高举过头顶。

方法十：

站蹲撑立：先站立后蹲，然后双手撑地双脚向后蹬直，双脚再收回原地，最后站起。

方法十一：

肩绕环：双臂垂直上举，一只手臂以肩关节为轴向前、向下、向后、向上画圆摆动，同时另一臂向后、向下、向前、向上画圆摆动。

协调性训练要求在速度与时间和动作的配合下完成，亦即动作越复杂学习效果越佳，所以练习者可以自己编一连串的动作来复习巩固。

此外，还有另外两种组合式锻炼方法：

1. 立卧撑跳起转体 360 度：由俯卧撑姿势开始，双腿屈膝抬大腿，成全蹲。起立后即刻双脚蹬地全力、快速纵跳，双臂积极上摆，在空中转体 360 度。衔接下一个动作时要迅速屈膝下蹲，在双手即将撑地的同时，双脚向后伸蹬，成俯卧撑，连续进行。

2. 全身波浪起：由双腿左右稍开立开始。先做直腿体前屈，然后依次进行向前跪膝（收腹、含胸、低头）、向前挺髋（收腹、含胸、低头）、向前挺腹（含胸、低头）、挺胸、抬头，成反的“S”形波动，两臂在体侧画圆，连续做。

现在比较流行的还有一种条件刺激练习法，也适用于运动员平时的锻炼。为大家简单介绍如下：

1. 变方向跑练习：画三条坐标轴，一个方向跑 5 米，然后退回起点，接着向另一个方向跑 5 米，然后向第三个方向跑 5 米，注意动作要连贯；在地上画一个边长为 10 米的正方形，听陪练者口令，说顺时针跑时逆时针跑，同样，说逆时针跑时顺时针跑，连续练习。

2. 快速移动并躲闪练习：将数个小球沿一条直线摆开，间隔自定，练习者利用前滑步及左右滑步，躲闪过小球向前呈“S”形快速绕行前进。

3. 快速转体练习：先向前疾冲，听陪练者口令，说停时就突停，然后马上向后疾冲。

4. 追逐练习：练习者两人一组，一方先跑，另一方追逐，追上另一方并拍肩后，两人互换，交替练习。

5. 推拉练习：练习者两人一组，站在直径为 3 米的圆圈内，双方允许使用推拉办法，一脚先出圈者为负方。

6. 触摸练习：练习者两人一组，规定在一定的范围内用手触摸对方肩部为获胜，可以利用步法移动躲闪。

总而言之，提高协调性的训练方法很多，练习者要尽可能丰富训练手段，消除练习倦怠，以保证练习取得良好的效果。平时可以改一改日常的习惯，尝试左手拿筷子、左手握鼠标、左手写字和左手画圆右手画正方形等，这些简单的动作有助于协调左手和右手、左脑和右脑。

力量性健身指导

著名政治学家乔治·霍兰·萨拜因曾经说过："力量在实质上和程度上都是衡量男子气质的尺度。"美国著名文学家爱默生也说过："我们征服了力量，于是我们便得到了力量。"

随着经济的发展，特别是改革开放以来，人们的物质生活和精神生活得到了极大的提高。但是，健康问题也随之而来，长期坐在空调房里，整天面对电脑，吃很多垃圾食品，抽烟、喝酒、熬夜，所谓的休息就是周末睡到中午起床，这些原因都导致了人们特别是都市白领的身体处于亚健康状态。

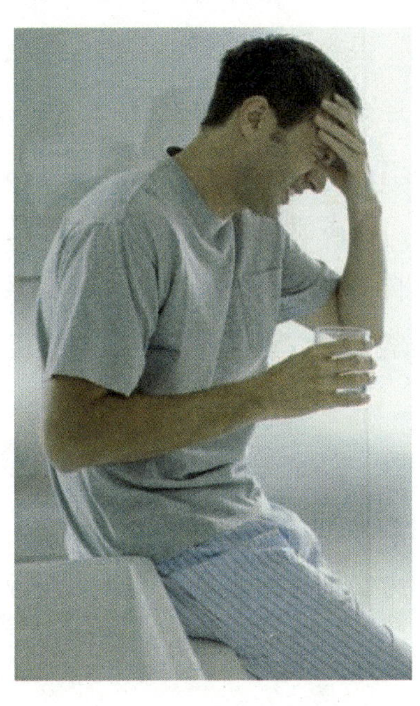

何为亚健康？亚健康就是一种临界状态，通俗来说，处

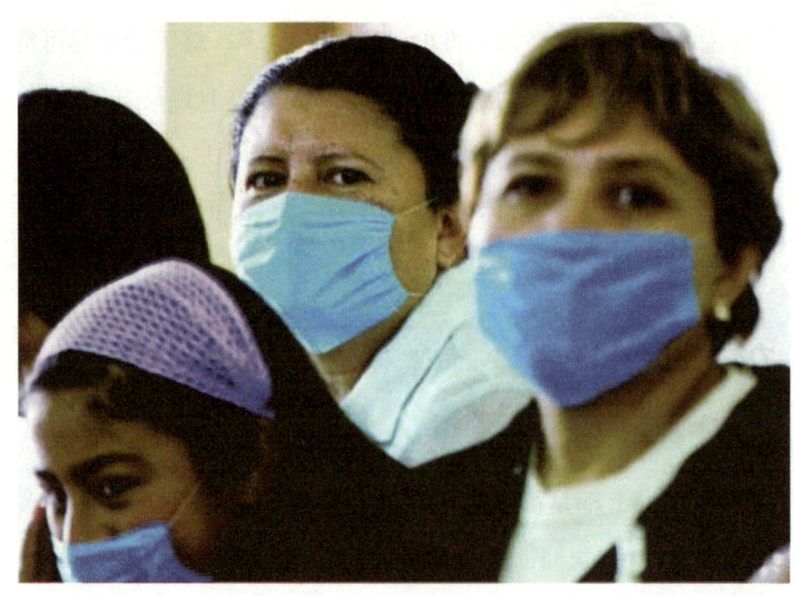

于亚健康的人可能没有显性的病症，但是精神活力和免疫力却一直在下降，如果没有及时纠正，很容易引发身心疾病，甚至是严重的疾病。前一段时间，接连有新闻爆出白领猝死，因为他们的身体长期处于亚健康状态，但是却没能引起足够的重视。最近大家谈之色变的 H7N9 病毒，即禽流感，感染人群大都是老人或者小孩，因为这两类人群自身免疫系统能力低，容易感染病毒。如果不重视体育锻炼和增强免疫力，亚健康人群也极易成为禽流感的易感人群。

言归正传，“力量性健身指导”这一节的重点就是告诉大家如何锻炼身体的力量来提高免疫能力。明确训练方法之前，我们首先要知道身体素质范畴的力量具体内容是什么，才能做到有的放矢，更好地达到训练目的。力量，是指人的机体或机

体的某一部分肌肉工作（收缩和舒张）时克服内外阻力的能力。外部阻力主要是指物体的重量、支撑反作用力、摩擦力以及空气或水的阻力等。力量是人体进行体育运动的基本素质之一，是获得运动技能和取得优异运动成绩的基础，同时也是其他身体素质发展的重要因素。据有效统计，一场激烈的羽毛球比赛，运动员在场上反复快速移动可达 500 次左右，再加上蹬、跳、跨、击球、跳起扣杀等，对肢体力量的要求很高。不仅是羽毛球项目，其他的运动项目，如篮球、网球、田径等，对运动员身体的力量素质要求也很高。

❖ 腿部力量训练

下面，为大家介绍一些常用的锻炼力量素质的方法，以下方法主要是训练腿部肌肉，因为腿部肌肉是人体力量最强、体积最大的肌群之一，不但对一个人的全身力量至关重要，而且对身体的代谢率也有很大影响。大腿肌肉包括前面的股四头肌、后面的股二头肌以及两侧的内收与外展肌，其中最主要的是股四头肌与股二头肌。

锻炼方法一：静力半蹲

具体做法：找一个开阔的地方，垂直站立，双脚分开，与肩同宽，双手握拳放于腰间，然后慢慢下蹲，类似于扎马步的动作，注意保持呼吸的均匀和节奏，下蹲的时候会感受到重心慢慢下移，在身体能承受的范围内，重心尽力往下，坚持30秒，然后再慢慢起身，回复开始的状态，休息20秒，继续之前的动作，重复5次。

作用：增强双腿肌肉的紧绷度和抗压性。

锻炼方法二：抱头半蹲

具体做法：方法要领同方法一，不同的是把双手握拳放于腰间改成双手抱住后脑勺，慢慢下蹲，保持静止30秒，慢慢起身，回复开始的状态，休息20秒，继续之前的动作，重复5次。

作用：锻炼腰部肌肉和腿部肌肉。

锻炼方法三：单足跳跃

具体做法：选一个开阔的地方，如操场、广场和公园，双脚并拢站立，然后抬起一只脚，用另一只脚跳跃，可以向前跳、向后跳或者原地跳，跳 10 次后休息 30 秒，换脚继续跳，重复 3 次。

作用：训练弹跳能力，锻炼小腿肌肉。

锻炼方法四：蹲跳

具体做法：蹲下，双手抱住后脑勺，用力向前跳跃，跳到 5 米之外转身，再跳回来，重复 2 次。

作用：训练腰部、腿部和足部的力量。

锻炼方法五：屈体分腿跳

具体做法：双脚并拢，垂直站立，两手向身体两侧打开，离腰部约 1 尺远，然后双腿用力分开跳，以手能碰到腿为最佳，碰不到也没关系，一次跳完后休息 5 秒，一组跳 10 下。

作用：训练腿部和胯部的力量。

锻炼方法六：挺身跳

具体做法：先屈膝下蹲，两手后摆，然后用力向上跳起，两臂向后上方，两腿向后下方展开，注意跳跃过程中膝盖不要弯曲，

身体呈背弓状，然后落地屈膝缓冲。连续做 5 个，做 2—3 组。

作用：训练腹部肌肉和腿部肌肉的力量。

锻炼方法七：三级跳

具体做法：单脚跳，如助跑到起点时右脚起跳，则下一步是右脚着地并再次起跳，再次着地为左脚并起跳。当然助跑后哪只脚起跳取决于你本身哪只脚有劲，哪只脚起跳灵活得力，根据自身情况决定。起跳腿落地后再起跳的跨步跳，摆动腿落地起跳的跳跃，用双脚落于前方。

作用：训练双臂和腿部力量。

锻炼方法八：跳起抱膝

具体做法：垂直站立，然后向上跳跃，跳的过程中膝盖弯曲，双手紧紧抱住膝盖，下落后再放开。

作用：训练腿部关节和肘部关节的力量。

锻炼方法九：跳起转身

具体做法：方法要领同方法六，不同的是跳跃之后要转身，向左或向右转 90 度即可。

作用：锻炼腿部和腰部力量。

❖ 腰部力量训练

介绍完腿部肌肉的训练策略，下面我们来看看腰部肌肉训练的方法。腰部是所有连贯动作的转换部位，不管是扭转、弹跳、挥手还是下蹲、翻转等动作，腰部力量都显得尤为重要。有这样一种说法，如果腰部力量没有发挥好，就算其他做得再好，也只是用到了全身力量的三分之一。尤其是在游泳、跳水和体操等项目中，它的重要程度更是可见一斑，另外值得我们关注的是，腰部力量的训练对我们的身体形态和健康状况都大有裨益。

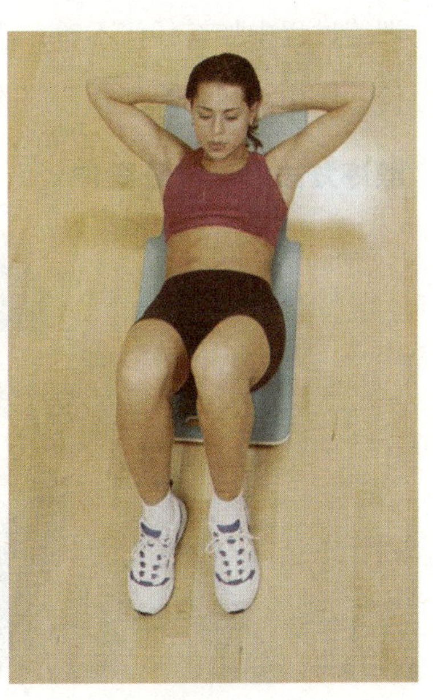

锻炼方法一：仰卧起坐

具体做法：平躺，腹部向上，拿一些柔软的物体塞到小腿下面，双手抱住后脑勺，靠腰腹的力量往上移动。此过程中膝盖不要弯曲，直到上身与腿部呈直角，再躺下，连续做

10 ～ 20 个，视个人情况而定。

作用：锻炼腰腹的力量和呼吸的节奏。

锻炼方法二：卧起举腿

具体做法：平躺，腹部向上，左腿慢慢举起，膝盖不要弯曲，尽力高举直到不能往上为止，慢慢放下左腿，停 3 秒，右腿重复之前的动作，连续做 20 次。

作用：训练腹部和腿部的力量。

锻炼方法三：俯卧两头起

具体做法：俯卧，背部向上，上半身和双腿慢慢向上抬，此过程中腹部紧贴地面不要移动，身体会弯成弓形，然后缓缓放下，恢复开始的状态，重复做 5 次。不建议饭后马上做此动作，训练过程中如有任何不适，请马上停止并及时就医。

作用：训练腹部和背部的力量。

锻炼方法四：仰卧蹬伸

具体做法：平躺，腹部向上，左腿慢慢靠近胸部弯曲，直到膝盖接触身体，做不到也没关系，尽力就行，然后慢慢伸出左腿，恢复开始的状态，换右腿重复之前的动作，各做10次。

作用：训练腹部和腿部关节的力量。

锻炼方法五：仰卧起坐转体

具体做法：类似于方法一，平躺，腹部向上，双手抱住后脑勺，靠腰腹的力量往上抬，此过程中膝盖不要弯曲，上身与腿部呈直角后进行转体，可以向左转或者向右转，再慢慢躺下，重复15下。

作用：训练腰部的扭转力量。

❖ 手臂力量训练

手臂力量也是身体素质的重要组成部分。臂力主要由推举力、抓握力、支撑力（拉伸力）组成。每1～2周进行30分钟的臂力训练是很有必要的。经典的动作选

择如法式弯举、垂直弯举、双杠臂屈伸、曲杠腕弯举等，由于这些动作需要一定的专业器材，所以在这里只为大家介绍一些徒手训练臂力的简单方法。

1. 垂直站立，双臂打开，与肩同宽，慢慢向前画圆，然后恢复，继续向后画圆，前后各做 20 次。

2. 垂直站立，双脚打开，与肩同宽，手向前方伸直，手掌朝前。双手上下交换交叉，手臂不能下垂，重复做 20 次。

3. 俯卧撑，这种方法比较常见，俯卧于平坦的地方，靠手臂的力量支撑身体，慢慢往下，直到腹部接触地面，慢慢起身，重复做 20 个。

❖ 力量训练中的注意事项

力量发展水平是影响身体训练水平的关键因素。在具体实施训练力量的过程中，为达到最优，取得事半功倍的效果，须注意如下几点：

训练范围要全面而又有重点

在身体力量的训练过程中，一方面应使腿、腰、腹 、背、臂等大肌肉群和主要肌肉群得到锻炼，另一方面，也要注意发展那些薄弱的小肌肉群的力量。因为体育运动的动作往往是简单动作的复杂组合，需要身体各部位许多大小不同的肌肉群共同完成，所以锻炼身体的肌肉力量并不是说一定要面面俱到，而是全面发展的同时有所侧重。

训练后使肌肉处于放松状态

肌肉就像弹簧，不能一直处于松弛状态，也不能一直处于紧绷状态，要做到张弛有度。进行练习时，应使肌肉先充分伸展，然后再有节奏地收缩，动作的幅度要尽可能大。因为肌肉纤维拉长后可以增大收缩的力量，同时又可以保持肌肉良好的弹性。训练结束后，应当做一些适当的按摩或抖动来缓解肌肉的紧绷，使肌肉放松。这样做的目的一方面可以消除疲劳，另一方面可防止关节柔韧性下降。

训练时要专心致志，注意安全

这一点是对所有训练活动的总体要求。科学研究表明，意念与身体关注在同一点时体育锻炼的效果最好。为了避免事故

的发生，达到期望的效果，训练者应注意加强自我保护。

进行力量训练时，要掌握正确的呼吸方法。

刚开始训练的人，训练过程中要注意呼吸均匀，跟着动作的节奏，尽管憋气在一定程度上有利于肌肉的锻炼，但是切记不可勉强憋气。开始的时候可能会不适应，在训练过程中会慢慢习惯。

训练中要尽自己所能，不可逞强

专业运动员的训练中，一般要用其所能承受的最大负荷或接近最大负荷来进行训练，因为这样能刺激身体的潜能，生理上从不适应到慢慢适应，从而达到好的训练效果。

但是一般人平时的训练，并不需要使用最大负荷，因为我们不是以刺激生理反应为目的，只是平时简单锻炼而已。所以，大家的训练强度应适当，在身体舒适的前提下，若想要追求更高的训练目标，可以循序渐进地增加强度和负荷，视自身情况而定。

力量训练贵在坚持，科学合理安排

俗话说得好，“用进废退”，力量训练也是如此，不能三天打鱼，两天晒网，这样不仅没有效果，反倒使身体一时不能适应训练的变化。众所周知，肌肉增长得快，停止训练后消退得也快。如果突然停止了力量训练，已获得的力量将会按增长速度的三分之一消退。另外，力量训练应因人、因项而异，训练者要摸清自身的情况，做出合理的安排。这种安排取决于一系列因素：年龄、性别、健康状况、体质强弱、训练的阶段和周期、训练水平等。其中训练水平是重要的因素之一。如果刚开始取得的效果不明显，也不要灰心丧气，谁都不能一口吃成胖子，力量训练是一个循序渐进的过程，讲究质变到量变，因此，训练要长期坚持。

耐力性健身指导

各种马拉松比赛的桂冠一直是黑人独霸，我们也常常对于他们的运动天赋感到惊讶。运动医学研究结果表明，黑人四肢比其他人种要长，而躯干却短，因此在跑步时，他们的重心比其他人种高，稳定角小，有利于做出快速灵活的反应。除此之外，黑人普遍生活在被称为“高原大陆”的非洲，高原空气稀薄，他们进化出更高更宽的鼻道来充分吸进空气。后来移居其他大洲的黑人，也保留了这一重要特征，所以他们在长跑时，呼吸更流畅而有节奏。还有医学专家指出，黑人的肌纤维中红肌较多，白肌则少于其他人种。骨骼肌肌肉分为红肌和白肌两种，白肌爆发力强，但是难以持久，一般用于日常生活的新陈代谢，而红肌爆发力和持久力都很强大，适用于体育运动中的能量消耗。以上这些原因就是黑人在马拉松等耐力性比赛中称王称霸的主要原因。

耐力是指人在工作或生活中长时间进行持续肌肉工作的能力，即对抗疲劳的能力。疲劳时，生理不能继续维持机能处于某一水平，疲劳是一种正常的生理现象。身体经过长时间的活动，必然会产生疲劳，使其工作效率下降，这是身体的一种自我保护。但是，对抗疲劳又是有其现实的意义，一方面，运动员正是因为抗疲劳能力强，才能在体育比赛中获得好成绩；另一方面，普通人通过耐力训练能有效提高呼吸系统和心血管系统的机能，延长寿命。

疲劳产生的原因有很多：身体在经过长时间的活动后，消耗了体内大量的能量物质，没有得到及时补充时，就会产生疲劳；器官功能下降，特别是心肺功能下降，身体能负荷的活动强度降低，会产生疲劳，这也是为什么老年人比年轻人更容易感到疲劳的原因；身体器官是在神经系统的指挥下完成各种工

作的，在一定强度的体育活动下，会出现呼吸困难、四肢无力、情绪低迷等症状，这种现象被称为“极点”，这时候，如果得到一定的鼓励，运动员会靠着自己坚定的意志完成接下来的比赛，这个过程被称为“第二次呼吸”。

根据不同的工作特征，疲劳可以分为体力疲劳和脑疲劳。体育运动中更重视体力疲劳。疲劳出现时，速度、力量、肌肉协调性会下降，从而影响运动员的正常水平发挥。具体来说，耐力素质训练有以下几点意义：

1. 耐力训练可以提高训练者的呼吸系统、血液循环系统和心血管系统的功能，从而提高抗疲劳的能力。抗疲劳能力越强，对于身体素质的提高，延长寿命，提高工作效率，都有不言而喻的意义。

2. 通过耐力训练，有效提高呼吸及心血管系统机能，血氧

供应充分，使得机体能量物质的贮备增多，生理、生化功能提高，进而促进及加速训练后消除疲劳的过程。身体在遭受极大的创伤后，恢复过程也能缩短。

3. 经过一段时间的耐力训练后，训练者提高了抗疲劳及疲劳后机体恢复的能力，这样，大脑皮层中兴奋神经与抑制过程的交替能力也得到恢复与提高，再加上注意饮食，提供身体所需各种营养和供能物质，这都成为其他素质（例如前面提到的柔韧素质、协调素质和力量素质等）发展的基础，促进身体素质的全面发展。

4. 耐力训练还可培养训练者坚强、勇敢、不怕苦难、勇于克服困难的意志品质，这对训练者的心理素质的培养十分有益。不仅体现在训练中，更体现在训练者日常生活的方方面面。现代社会各行各业竞争激烈，有时候比的不仅是能力和素质，很

大程度上也是体力、意志力的比较，那些成功的人，他们有一个共同点，那就是意志坚定。

一般来说，耐力测定的项目有俯卧撑、引体向上、仰卧起坐、足尖站立、半蹲位等，也可以用相关辅助的器具来测试。

耐力训练也要遵循一定的原则：

一、应先发展一般耐力，再发展专项耐力；

二、耐力训练需要长期坚持；

三、耐力训练要合理科学安排；

四、训练过程中注意合理安排负荷量；

五、耐力训练包括有氧耐力训练和无氧耐力训练，应根据不同的训练目标来具体安排。

耐力分为两类：有氧耐力和无氧耐力。按字面意思理解，

有氧耐力是有氧供能时肌肉工作的能力，像有氧体操、游泳、长跑等；无氧耐力是缺氧供能下肌肉工作的能力，如短跑、重复跑、激烈比赛等，无氧耐力靠的是瞬间的爆发力。耐力包括两个方面，即肌肉耐力和心血管耐力。耐力的提高不仅取决于人的发育成熟，也和负荷要求有关。合乎规律的耐力性负荷训练可使肌肉、器官、心肺、血液、免疫系统以及物质代谢调节出现适应现象。

总的来说，耐力的训练方法分为两大类：一般耐力训练和专项耐力训练。我们先把重点放在一般耐力上，下面推荐给大家几种简单的训练方法。

❖ 一般耐力训练

锻炼方法一：定时跑

具体做法：找一个适合跑步的地方，如操场、公园或林荫小道等，以身体能接受的速度跑 20 分钟，跑的过程中不能突然停下，注意呼吸的节奏，如跑两步吸气，再跑两步呼气。

锻炼方法二：爬楼梯跑

具体做法：找一座高楼，从 1 楼跑到 6 楼，与方法一一样，不能突然停下，注意安全，不要被楼梯绊倒，建议在楼层不高的情况下，学生、白领和居民们不要乘电梯，尽量走楼梯，不仅节能，而且有锻炼身体的效果。

锻炼方法三：高抬腿原地跑

具体做法：垂直站立，双腿抬高跑，跑的时候注意挥动手臂，挥的节奏跟跑的节奏一样，膝盖尽量往上抬，坚持跑 5 分钟，

休息 1 分钟，一组重复 2 ～ 3 次。

锻炼方法四：变速跑

具体做法：将跑道分成不均匀的 3 段，第一段最长，第三段最短，第一段是慢跑的速度，第二段是 400 米跑的速度，第三段是 100 米终点冲刺的速度，跑到终点后返回，重复 5 次。

锻炼方法五：侧滑步交叉跑

具体做法：垂直站立，左脚先往右一步，右脚跟上一步，呈双腿交叉状开始跑，建议跑 15 米，跑到终点后用同样的跑法返回，重复 3 次。这种方法不仅可以锻炼耐力，还可以锻炼反应能力和身体的综合协调性。

锻炼方法六：爬坡跑

具体做法：与方法二类似，在坡度适宜的情况下，用尽可能快的速度跑上坡。

锻炼方法七：变向跑

具体做法：这种跑法在上一节有所介绍，训练者用正常速度沿一个方向跑到终点，然后返回，接着向另一个方向跑，各个方向的距离最好不一样，重复 5 次。

锻炼方法八：往返跑

具体做法：画好 10 米的跑道，训练者先跑到终点，然后跑回来，接着又跑向终点，注意中间反应时间要尽可能短，不要有停留，跑 5 个来回即可。

锻炼方法九：面对面接力跑

具体做法：大家对接力跑肯定不陌生，这是一般运动会上的必备项目，它体现了团队协作的能力。所有训练者分为人数相等的两组，中间空出 20 米的距离，面对面接力跑，哪一队的人先跑完就获胜。

锻炼方法十：正反交替跑

具体做法：训练者先往前跑 10 米，然后后退跑 10 米，跑的时候注意身后是否有障碍物。

锻炼方法十一：追逐跑

具体方法：两人一组，一人先跑，另一人去追，追上之后拍肩，然后反过来换着追，连续跑 10 分钟，中间不休息。

锻炼方法十二：综合跑

具体做法：综合跑即综合上面各种跑法，例如训练者先向前跑，然后转向跑，再变速跑，接着后退跑。跑的过程中步法也可以进行变换，如双脚跑、单脚跳、交叉跑等，训练者可以根据自己的爱好组合出各式各样的综合跑。

❖ 专项耐力训练

以上 12 种训练方法适合所有人群，特别是训练水平低和身体素质较差的人。如果训练者对自己的耐力训练目标有更高

的要求，不妨参考下面这些体能训练的方法，这些方法也常用于专业运动员的日常训练中。

长跑

要求:400 米的标准跑道，女子每次 10 圈，男子每次 15 圈，由快到慢，保持正确的呼吸方式，跑的过程中，不能突然变成走或者停下。女子平均每圈速度不低于 2 分 40 秒，男子平均每圈速度不低于 2 分 20 秒。

负重跑

要求：两个小腿各绑上 2.5 千克重的沙袋，女子绕 400 米的标准跑道跑 5 圈；男子跑 8 圈，保持匀速，不能突然停下。

越野

要求：在有条件的情况下，男子背负 30 千克重的背囊，女子的标准是 20 千克，在海拔 500 ～ 1000 米的山地丘陵中步行 3 小时，频率为 1 周 1 次。

自行车、游泳

要求：在时间和其他条件允许的情况下，可以用自行车和游泳代替长跑，一样能达到耐力训练的效果。众所周知，自行车、游泳和长跑被称为“铁人三项”。由于在其他篇幅有具体介绍，在此不做赘述。

❖ 耐力训练注意事项

耐力训练跟力量训练一样，也是一个长期的过程，训练者不能用急于求成的心态去进行训练，为了达到优良的效果，有以下几个注意事项：

做好耐力训练前的准备工作

耐力训练过程中可能会出现各种不适的情况，因此我们要提前明确，做到有备无患。首先，不要在空腹状态下训练，空腹时，全身的血液供给不足，容易导致休克；也不要刚吃完饭就去训练，这个时候血液主要集中在胃部来帮助消化，其他地方，如腿部，供血也会不足，并且运动时胃部不适会造成呕吐。最好是在饭后 1 小时进行训练，此时状态最佳，也最容易达到训练的目的。

选择正确的呼吸方式

现在常见的耐力训练方法主要是长跑，而选择正确的呼吸方法，对训练结果起着决定性作用。因为长跑消耗能量比较多，需要一定的肺通气量，因此一定要把握好呼吸的节奏和深度。呼吸方式应该根据自己的身体素质和平时习惯而定，呼吸浅的情况下，为了保证足够的供氧量，需要加快呼吸的频率，这样更容易疲劳；呼吸深的情况下，呼吸要耗用胸腔和腹部的能量，这样也容易疲劳。开始尽量用鼻道呼吸，跑到最后口鼻一起呼吸时，让空气从牙齿的缝隙间进，避免吸进冷空气导致胃和肚子不舒服。一般呼吸的节奏有以下几种：(1)一步半吸气和一步半呼气或二步吸气和一步呼气，即三步一个呼吸周期；(2)一步一吸气和一步一呼气，即二步一呼吸周期；(3)二步吸气和二步呼气，即四步一个呼吸周期。

合理安排训练量

一个人的负荷、心率和需氧量之间存在着密切的关系，个体之间差异很大，影响因素主要有性别、年龄、体质强弱、健康状况、训练的阶段和周期等。每个人要根据自己的情况合理安排训练量，如果是经常不运动的人，突然开始练习长跑，第一次运动量不宜太大。大家应该有所耳闻，有学生死于高校的800米测试，这是因为他们平时从不运动，在突然跑了800米后，心律不齐导致猝死。总之，训练量应该循序渐进，天天坚持。

提高训练途径的多样性和趣味性

单调的训练方法容易让人感到乏味，长期如此会导致训练积极性减少甚至丧失，训练者可以通过分组训练和搭配简单动作来提高积极性。例如，第一天进行快走，第二天慢跑，第三天抬腿跑和双腿交叉跑，训练方式从个人训练逐渐过渡到一对一、多人训练等。

重视训练后的恢复

训练完成后肌肉在一段时间内依然处于紧张状态，可以适当进行伸展、按摩和轻敲来使它恢复放松状态。训练完后不要马上躺下或者坐着，正确的方法是像平时散步一样到处走走。除此之外，训练后应补充身体所需营养，注意休息，让能量供给跟得上能量消耗的速率。

综合性健身指导

每年的8月8日为“全民健身日”。全民健身是指全国人民，不论男女老少，坚持每天一次以上的锻炼，增强身体的柔韧性、协调性，增强耐力和力量。这项计划以提高国民身体素质和健康水平为初衷，从2008年北京奥运会开办后，实施至今。全民健身计划是一个倡导，倡导人民重视经济建设的同时也要重视精神文明的建设，生活水平提高了，健康水平也要跟着提高。通过计划的宣传和带动，让广大人民群众感受到体育和健身带来的快乐，促进德智体美全面发展，为构建小康社会打下坚实的基础。

在公园或者社区的活动室，经常能看到老年人在练太极、打腰鼓、跳广场舞、练武术，他们一个个神采奕奕，会心地微笑着。他们在锻炼身体的同时，也促进了社区的和谐建设，真可谓一举两得。年轻人呢，大多喜欢乒乓球、羽毛球、篮球、游泳、跑步、瑜伽等一类的运动。青少年儿童在学校也接受了各种各样体育项目的教育，还有定

期举办的校运会，寓教于乐。

相信细心的读者会发现，前面我们关于柔韧性、协调性、力量和耐力的训练方法很多都类似甚至相同，确实是这样，往往一个动作能锻炼的方面很多，而一项锻炼也需要其他的动作来支持，它们是相辅相成的关系。

开始综合性健身之前，首先要明确健身的目标。这个目标因人而异，有的人是为了强身健体，有的人是为了减肥，还有的人是为了增强身体的免疫能力。目标不一样，健身方法和措施以及强度也会不一样，所以，大家要对症下药，制定出科学合理的、适合自己的健身方法，才能达到最好的效果。

❖ 制订健身计划、目标的原则

1. 简单易懂，用自己能看懂的文字和符号将目标写清楚，建议使用大号的字和醒目的颜色，写好之后贴在工作桌前、床前或门口，保证随时随地能看到，来提醒自己这些目标还没完成。

2. 目标具体，具体到每月、每周、每天，要达到什么目标，以及做什么，怎样去达到这些目标。

3. 健身数量明确，每次的练习数量要明确，例如跑步，今天跑 10 圈，明天也要跑 10 圈，不能因为自己的懒惰而减少数量。

4. 健身强度明确，每次训练的强度也要明确，尽量坚持每天强度在一定范围内波动，不能一天做 50 个俯卧撑，然后睡一天。

5. 健身频率明确，每次的训练数量和强度确定以后，每周、每月、每年的训练频率也要规划好。综合健身贵在坚持，只有不怕困难，坚持下来，才能实现目标。

在系统地介绍综合健身方法之前，这些健身小贴士，能够帮助你更好地完成健身任务：

❖ 找一个有健身计划的伙伴

跟另一个人结成健身伙伴，在健身计划实施的过程中相互帮助、互相鼓励、互相监督，更有利于按质按量地完成计划，达到目标。运动心理学家指出，一个有更高健身自觉性的朋友和一个初练者一起健身，这个初练者会获得比单独健身更好的效果。另外，健身的过程中加强交流，取长补短，也是锻炼社交能力的好方法。凡事必须要持之以恒，才能获得效果。从生物学的角度来说，人的体质的增强是一个不断积累、逐步提高的过程，既不能在短时间内取得成效，也不能一劳永逸。健身如果中断了，不仅不能保持原来的效果，甚至还有可能退步。

❖ 把天天锻炼变成习惯

健身，并不是一朝一夕可以实现的，非长期训练不可。首先，要提高自觉性和积极性，加强对于健身的理解，了解健身的功能、作用和价值；其次，要明确健身的目的，把个人的需要同健身结合起来；在这个基础上，还要认真选择适合的健身内容和方法。不管是哪一种专项健身项目，都需要持之以恒、坚持不懈，才能看到效果。最好是保持天天锻炼，时间长短不限，这样才能把健身变成你生活中的一部分，时时刻刻都不会忘记。不管什么，经常重复才不会忘记，尤其是健身，是一个点点滴滴积累的过程。

❖ 多种运动相结合

健身目标并不是一蹴而就的，光靠一种训练达不到目的，

并且，人的运动激情有限，对一种运动的执着会在几周之内消退殆尽，因此，我们应该学会驾驭自己的运动热情。如果训练一段时间之后，你觉得遭遇了瓶颈状态，热情消失，或者无法在健身效果上提高，就应该当机立断，马上换一种运动形式。可以请健身馆的一位私人教练来帮你每月制订一次健身方案，

自己 DIY 健身方案也可以，持续练习、重复练习、循环练习、间歇练习、游戏、比赛相结合，提高训练的趣味性。健身项目种类多样，并不是说训练者每一种都要去尝试，而是应该对症下药选择有助于自己达到健身目标的一种或多种，在训练过程中，还要注意调节自己的心理素质。某职业教练曾经说："体质增强之后，你会发现自己有更多精力去参加其他运动，同时，这还有助于训练者保持较高的主动性。"体育医学研究表明，人的身体经过几周的训练，会逐渐适应某种运动形式。这段时间被称为"黄金运动周期"，过了这段时间，很难再收获明显

的效果，因此需要你过一段时间就做出改动。

❖ 提早制订备用方案

健身就像开车，而备用方案就像汽车上的备胎，应该要未雨绸缪，早早准备好。训练者应目光长远，预先考虑到一些可能会影响健身计划的因素，如身体原因、家庭原因、工作安排等，然后准备一套备用方案。另外，提前准备一些克服“健身心理懒惰”的方法，无论何时何地遇到困难，训练者都能做到有备无患。最重要的是，健身期间，不要一遇到阻碍就放弃。有些人可能会这样想：“我今天很忙，没时间去健身，最近都很忙，所以干脆停下来算了，以后有时间了再开始。”这样下去，越来越忙，健身计划就停了。其实不必因为错过了一两次健身而感到愧疚，健身是长久的事情，什么时候开始都不晚。

❖ 制订能达到的高目标

一位教育专家曾经说过，如果你给孩子定的标准是 90 分，他很大可能会考 80 分，如果你给孩子的标准是及格，那么他不及格的概率会大大提高。训练者应该把运动目标制订得短期化、具体化、可达到化。比如，把“我要更努力地跑”改成“我每天坚持跑 5 圈”，就更容易坚持下来。如果目标是很轻松就能达到的，那意味着你应该向着更高的目标迈进了。

❖ 记录自己的进步

研究发现，坚持写健身日志的人更容易健身成功。此外，在一项运动学研究中，详细记录的人比记得不详细的人获得了更好的效果。平时应注意记下运动形式、运动数量、运动时间、运动强度、运动距离、运动地点和减少的体重，以及你的心理活动、体能水平、饮食情况和睡眠质量等。可以借助一定的器具，如计步器、心率监控器和秒表，能够帮助你详细记录，看着自己的健身日记，你会觉得成就感油然而生，通过这些细节，训练者也能制订出更具体、更完备的健身计划。

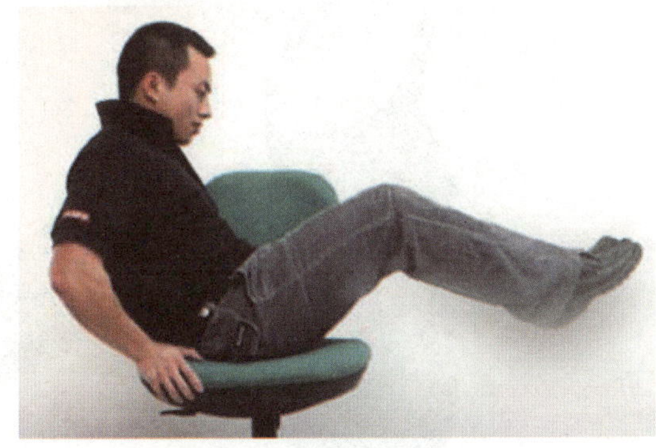

❖ 随时随地运动

如果训练者工作很忙，抽不出时间做专业的训练，可以每天拿出 10 ～ 15 分钟来运动，就在工作桌旁或者任意一个地方，进行短暂的舒展身体的训练，来保持身心处于一个良好的状态。每天做一遍运动就有助于强化你的健身习惯，能抽出更多的时间当然最好，也会收到更好的健身效果。研究表明，每天见缝插针进行健身的人比坚持常规的健身项目的人会积累更多的健身时间。

❖ 空出时间给健身

在视力可见的地方贴上便利贴，或设定闹钟，每天提醒你

在固定的时间健身。当你每天同一时间做相同的事时，就能逐渐养成良好的习惯。一旦形成了固定的模式，每天的健身就会像吃饭睡觉一样重要，一样不可或缺。研究表明，早上健身比午后或晚上健身效果更好，因为早上精力充沛，或者，训练者应该寻找到自己的最佳时间段来进行健身。

❖ 达到健身目标后奖励自己

把生活中任何重要的事情跟健身结合起来，可以达到更好的效果。比如，瘦到 100 斤就去欧洲旅游，类似于这样的目标，

让你平时训练起来更有激情，更有积极性，当然，也可以是小一点的目标，今天跑 10 圈后看一集美剧。运动心理专家指出，奖励自己是促进健身很好的方法。

下面介绍一些综合训练推荐的方法：

方法一：大腿与地面平行，像鸭子走路一样行走 20 米，一组做 3 次，中间休息 10 秒。

方法二：在大腿不用力的情况下踮脚跳，1 分钟一次，一组 5 次，中间休息 10 秒。

方法三：俯卧撑，10 个一组，连续做 3 组，中间不休息。

方法四：引体向上，5 个一组，连续做 5 组，中间不休息。

方法五：仰卧起坐转体，15 个一组，连续做 3 组，中间不休息。

方法六：单脚站立，并完成前俯后仰，向前 5 次，向后 5 次，然后换脚继续，反复 3 次。

方法七：选择一个窄路，像走平衡木那样行走，来回走 50 米即可。

方法八：单脚跳格子，类似于小时候玩的跳房子游戏，左右脚交换跳，各跳 20 米。

方法九：压腿，前压后压侧压交替进行。

方法十：慢慢下腰，注意要在柔软的地方进行，周围要有人看着。

方法十一：拉伸身体两侧肌肉，侧身转动或者上下甩臂。

除了上面提到的方法，训练者也可以从前面的柔韧性、协

调性、力量和耐力的专项训练方法中提炼出一些方法，或者加以组合，形成自己别具特色的运动方法。对于柔韧、协调、力量训练，每周不少于 3 次，在做完准备活动后进行。耐力训练每天坚持，长跑每周不得少于 4 次，大量训练时必须注意安全，以免发生意外伤害事故。

至于每次训练的项目、数量、强度、动作规格等问题，原则是：

1. 大量训练每周至少 2 次，其余时间留给身体恢复，但是要坚持进行，不可间断。

2. 每次训练最好安排以上所述三项或更多练习方法。

3. 讲究训练的技术动作规格，不能随意行动。

4. 少量训练时，强度较小但是次数较多，目的是提高肌肉耐力，增粗肌纤维。少量训练可以每天变化但是必须要有不同的重点，最好不要和大量训练同时进行。无论大量还是少量训练，一次训练的时间不要超过 2 小时为宜。

小贴士

对于天气炎热的夏季来说，过大的运动量可能会造成身体脱水和其他损伤，要格外小心。在夏季进行徒手健身运动时，要从低运动量、短时间开始，让身体慢慢适应炎热的天气。从项目选择上来说，散步、游泳、骑自行车等更为合适，这些运动不会使体力消耗过快，对于老年人和慢性病患者也较为安全一些。

第四章

健身饮食篇

徒手健身运动锻炼肌肉配合的饮食

拥有一身健美的肌肉和匀称苗条的身材一般是进行运动的人们追求的目标，但是误区就在于很多人认为只要加强锻炼甚至通过节食就能达到预期的目标，其实这是个错误。日常生活中，要达到肌肉和身材的健美，也应该适当地通过食物摄取均衡的营养。首先我们来说说锻炼肌肉应该如何搭配饮食。

锻炼肌肉在饮食方面最重要的就是摄入蛋白质，然后是脂肪和碳水化合物。我们通常就是从这三种食物中摄取能量，但这三种营养物质都各有其特征，需要的量也各有区别。如锻炼肌肉充分补充了蛋白质却没有很好地形成肌肉，这可能就是因为错过了蛋白质摄入的合适时间。

❖ 蛋白质的摄入

人类的身体结构大部分由水和蛋白质组成，普通人每天蛋白质的摄入量大约为 1 克 / 千克，但是对于想要增加肌肉的人来说可能这个量就远远不够，需要量可能会达到 2 克 / 千克。研究表明，人体每天每次最多只能摄取蛋白质大约 30 克，即使每天按时三餐，最多也就能摄入 90 克的蛋白质。所以锻炼者每天应少量多次地进行饮食，让蛋白质能够最大限度地被身体吸收。

那么哪些食物富含比较丰富的蛋白质呢？首先我们可以选择每天早晨吃 1 ～ 2 个鸡蛋，鸡蛋是人类最好的营养来源之一，

它含有大量的维生素和丰富的蛋白质。对于人体吸收而言，鸡蛋的蛋白质无疑是除母乳外最佳的选择，根据分析，每 100 克鸡蛋大约含有 13 克蛋白质，且由于和人类蛋白的组成极其相似，所以人体对鸡蛋蛋白质的吸收率可高达 98%。对于鸡蛋该怎么吃，也有人提出疑问，首先，鸡蛋应以煮和蒸为主，虽说煎炒炸会使鸡蛋的口感更好，但那样会使得蛋白质难以被吸收。其次，咸蛋的含钙量会明显增加，适合补钙的老年人食用。还要注意的是，有许多人以为吃生鸡蛋能更好地吸收其营养价值，这种看法是不科学的。

除了鸡蛋，豆制品也是用来获取蛋白质的食物，豆制品是指以大豆、小豆、绿豆等豆类为主要原料，经过加工而成的食品。豆类经过加工成豆制品，不仅其中的蛋白质没有减少，还能提高人体对其的吸收消化率，其中豆芽中还含有丰富的维生素 C。

对于想通过锻炼来增强肌肉的人们，在每次锻炼过后的饮食里加入豆制品是很好的选择，也可以选择每天喝一杯豆奶或

是豆浆，这些都是能很好地提供给身体所需蛋白质的健康食物。不仅由于豆制品中所含人体必需的氨基酸与动物蛋白质相似，而且其中没有动物蛋白质含有的胆固醇，所以也倡导患有肥胖、高血压、冠心病等疾病的患者多吃豆类和豆制品。

虽然豆制品营养丰富、口感宜人，却也不是所有人群都适合食用的。

首先，患有消化溃疡和胃炎的患者不宜食用豆制品，因为豆制品中含有高量的嘌呤，嘌呤有促进胃液分泌的作用，原始的豆子中的膳食纤维还会对胃黏膜造成机械性损伤，而食用豆类也会造成打嗝、肠鸣、腹胀、腹痛等症状。

其次，糖尿病患者和肾病患者也不宜食用豆制品，伤寒、急性胰腺炎、痛风等疾病患者也应谨慎食用豆制品。

肉类中的蛋白质含量也是非常丰富的。一般情况下瘦肉的蛋白质含量要明显高于肥肉，其含量可达 10% ～ 20%，并且肉类所含有的蛋白质均为优质蛋白质，其中不仅含有全面的必需氨基酸，而且数量丰富，非常接近人体的蛋

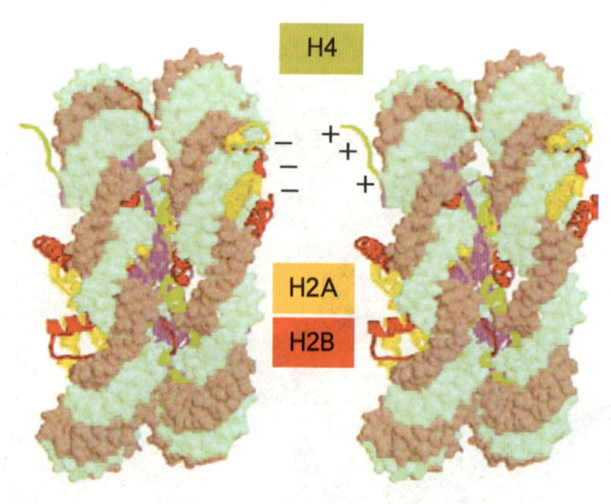

白质，容易被消化。每次锻炼结束后食用一定量的肉类能够很好地恢复体力，让消耗的能量得到补充，进而促进肌肉的增长和固定。

肉类中除了含有蛋白质还含有较多的维生素和尼克酸。尼克酸又称作维生素 B_3，或是维生素 PP，它是人体必需的 13 种维生素之一，是一种水溶性维生素，能够促进消化系统的健康，减轻胃肠障碍，使得皮肤更为健康，促进血液循环和降低血压。所以有人说高血压应该禁止食用肉类也是不完全正确的。肉类中含糖量较低，平均只有 1% ～ 5%，按照中医中的理论，猪肉属于寒性，牛肉则属于温性，所以不同的人群可以适量食用不同的肉类，相对健身和锻炼肌肉而言，牛肉的功效更为明显。而且肉类因其鲜美的味道，也可以大大提高食用者的食欲。

乳制品也是健身者很好的食物选择，牛奶、羊奶、马奶等牲畜奶都是很好的蛋白质供应品。牛奶中蛋白质的含量在 2.8% ～ 3.4% 之间，营养价值很高，也是大众普遍饮用的乳制

品之一。牛奶中的矿物质种类也非常丰富，除了我们熟知的钙质外，还含有磷、铁、锌等微量元素。组成人体蛋白质的种类高达20种，其中大部分人体可以自行合成，但也有少量是人体自身无法合成，必须通过外界食物摄取的，这些氨基酸都称作必需氨基酸。假若我们所食蛋白质中含有所有这些氨基酸，那么这种蛋白质就称为全蛋白。含有全蛋白的食物很少，其中牛奶就是一种，而相对于胆固醇较高的人群而言，牛奶的另一种优势在于其胆固醇含量很低，甚至牛奶中某些成分还能够抑制胆固醇的生成，这就使得牛奶还拥有降低胆固醇的功效。

羊奶在国际营养学中被称作“奶中之王”。羊奶的脂肪颗粒非常小，这就更有利于人体吸收，其中的维生素和微量元素也明显高于牛奶，当然其价格相对于牛奶而言也较高。现代营养学研究还发现，羊奶中除了蛋白质以外，矿物质和维生素含量也比牛奶高，对保护视力、恢复体能都有好处。但是由于羊奶有种膻味，所以食用者并不多。其实只要在煮奶时加入一点茉莉花茶，煮好了之后取出茶叶就可以除去羊奶中的膻味，因为茉莉花茶中的单宁酸可以溶解和脱除羊奶中的癸酸和乙酸。

德国马奶研究中心的营养学家康尼尔博士说，马奶的营养价值是各种乳制品中最高的，其丰富的维生素和矿物质容易被人体吸收，而且马奶的脂肪含量只有1.5%，比牛奶的脂肪含量少了一半。同时马奶含有的营养素能迅速地溶解于水中，容易被人体吸收，这对婴幼儿和消化道疾病患者尤其适合。马奶中所含的蛋白质有超过300种之多，其中有部分能预防蛋白过敏。

除了上述食物含有丰富的蛋白质外，鱼虾类也是蛋白质含量非常丰富的。大多数鱼虾的蛋白质含量都在18%～20%之间，其主要由肌原纤维和肌浆蛋白质组成，结缔组织含量很少，由于肌纤维较细短，所以很容易被人体吸收，消化率一般在87%～98%之间。鱼虾中的氨基乙磺酸含量丰富，对防治高血压和动脉硬化以及保护视力都有很好的作用。

❖ 脂肪的摄入

有些徒手健身运动对脂肪的消耗作用比较明显，而脂肪也

是人体中重要的组成部分和储能物质。人体中的脂肪可以分为两部分，一部分是脂肪，另一部分是类脂。脂肪是细胞良好的储能场所，主要提供热能保护肝脏和维持体温，协助溶脂性维生素的吸收，参与机体各个方面的代谢活动。人体在经过大量的运动后会消耗大量的热能，此刻就会需要适量补充脂肪。

高脂肪食品是指含脂肪量较高的食品，例如，肥肉、动物内脏、奶制品和坚果类都含有丰富的脂肪。

食用的肥肉主要是指肥猪肉，如五花肉、肘子肉等。肥肉中的脂肪含量是很高的。脂肪因为含有人体需要的卵凝脂和胆固醇，所以在日常食物中是不可或缺的一部分。含脂量高的食物食用后会比较耐饥，同时也可以维持蛋白质的正常吸收和代谢，脂肪的另一作用就是辅助溶脂性维生素被人体所吸收，如维生素 A、D、E 和 K。如果人长期不食用含脂食物会使身体处于缺乏胆固醇的状态，从而导致动脉硬化、贫血和营养不良等症状。

肥猪肉中的脂肪含量高达90%,其中37%左右为饱和脂肪,46%左右为不饱和脂肪酸。

人们长期以来都把食用肥猪肉和导致肥胖画上等号，其实不然，很多人发现不吃猪肉后体重会降下来，会变瘦，其实假如你换作不吃鸡、鱼肉等也会瘦下来。防止肥胖的主要原理是控制总热量的摄入。糖分、蛋白质和脂肪通过人体的新陈代谢可以互相转换，这就是为什么食用含糖量高的食物也会增加脂肪。所以只要我们合理地食用和搭配饮食，就能够最科学地给身体提供营养和能量。

在我们每次锻炼完后食用适量的肉类，可以及时补充身体被消耗的能量，从而达到健身和减肥的双重效果。

牛肉是健身爱好者最理想的补充能量的食物之一，每次锻炼完成后以牛肉作为主要食材已经成为越来越多人的选择。牛肉富含丰富的蛋白质氨基酸和人体所需的脂肪，比猪肉更适合人体的需要，能提供高机体的抗病能力。

另一种高脂肪含量的食物就是我们所熟知的奶油，它是由

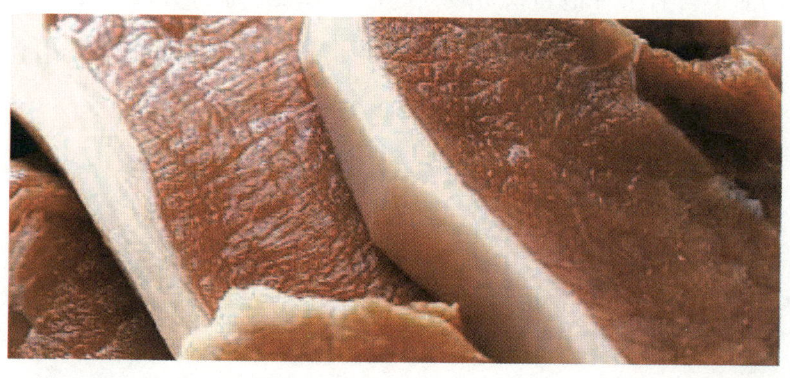

未均质化之前的生牛乳顶层的牛奶脂肪含量较高的一层制得的乳制品。

奶油基本可以分为动物奶油和植物奶油，我们常吃的蛋糕之类里面的奶油就是植物奶油，其热量要比动物奶油少了将近一半以上,且不含胆固醇。奶油的营养成分主要有蛋白质、脂肪、碳水化合物、胆固醇、维生素和各种微量元素。其中每千克奶油大约含有 97 克脂肪，其脂肪含量可见是相当高的。奶油除了能够补充脂肪外，还可以补充人体缺乏的维生素 A。但由于奶油中含有多种饱和脂肪酸，这种脂肪酸对血管有害，所以应当适量食用。冠心病、高血压、糖尿病和动脉硬化患者应忌食奶油，孕妇也应该少食或是不食。

❖ 碳水化合物的摄入

碳水化合物是由碳、氢、氧三种为人体提供热能的重要营养素组成的。碳水化合物是一切生命体维持生命活动所必不可少的能源，它除了是营养物质，还是主要的中间介质，可以促进身体内多种重要成分的合成和吸收。人体运动是非常消耗水分的，所以每次在做锻炼之前和之后摄入适量的碳水化合物是非常必要的。那么哪些食物含碳水化合物丰富呢？

首先，最主要也是最常见的碳水化合物获取来源就是米饭。稻米是中国人的主食之一，稻米中含有丰富的碳水化合物早已是营养学界公认的事实，它提供的碳水化合物能够很好地储存和提供热能，调节脂肪代谢，并且提供大量的膳食纤维。稻米熬成粥之后，其中的营养成分更容易被吸收。稻米中不仅富含

碳水化合物，还拥有人体不可缺少的铜元素。稻米中的糖类可以很快地被身体所吸收，迅速成为能量。大量运动之后往往会出现供氧不足的情况，此时摄入葡萄糖可以使得血液供氧加速，增强肌肉的恢复和对营养的吸收，而通过食用米饭，就能很好地从中获取到人体必需的葡萄糖。

玉米也是一种含碳水化合物很高的食物，其含量高达22.8%。此外玉米作为粗粮中的一种，其含有的粗纤维是精米和精面的4～10倍。粗纤维能够很好地促进肠胃蠕动，有利于体内废物的排出，多吃玉米对减肥也是很有好处的。玉米还有一定的利尿和降血糖的作用，对于肾病患者来说，多食用玉米是有好处的，而对于糖尿病患者来说，玉米也是很好的降血糖食物，是很好的食疗材料。在日常生活中，做完运动后配合稻米和肉类一起食用，能够多方面地提高身体营养的吸收和运动的效果。

水果是大多数人都喜欢食用的副食品，市面上的水果也多种多样。很多人尤其是女性，常常把水果当作一日三餐

的主要食物。而对于碳水化合物的获取，水果也的确是个很好的选择，水果中含有的大量果糖是人体不可或缺的营养物质之一。

水果外形和口味多种多样，其中含有的营养物质也是多种多样，但碳水化合物为大多数水果共有的物质。比如，在健身之前喝 300 ～ 500 克的苹果汁，不但可以提供 40 ～ 60 克的碳水化合物，还能为你健身的整个过程提供能量。

在做过大量的机体锻炼之后食用一定量的水果，不仅有生津止渴的作用，更能使人体水分含量保持平衡，让代谢系统达到最佳状态，也能为疲劳的肌肉提供养分，使得肌肉能够得到增强和养护。水果中含有的大量维生素也是提供人体需要的重要途径，常年多吃水果能够很好地保养皮肤和增强抵抗癌症的能力。

但是水果的食用也有一定的要求，首先是不可暴饮暴食，其次是要食用当季水果，最后了解水果的寒温性也是很重要的。例如苹果，俗话说：“每日一个苹果，医生远离我。”但是苹果吃多了也会伤及脾胃。而荔枝吃多了会降低消化功能，杏吃多了容易上火，瓜果吃多了会引起消化不良。所以，适当适量是食用一切食物的前提，不可缺少，也不可过多。各种水果搭配食用也是很理想的一种食用方式，因为各种水果所含营养物质不同，搭配食用能各补所长。

此外，例如土豆、山药等薯类和蔬菜都是很好地提供碳水化合物的食物。

小贴士

大量运动之后不宜吃鱼肉等酸性食物。营养与运动专家说，运动后，人体内的糖、脂肪、蛋白质被大量分解，产生乳酸、磷酸等酸性物质，这些酸性物质会刺激人体组织器官，使人感到肌肉、关节酸胀和精神疲乏。鱼肉等食品属于酸性食物，运动后食用这些酸性食物，会使体液更加酸性化，不利于肌肉、关节酸胀感和身体疲劳感的解除。

不论是蛋白质、脂肪还是碳水化合物，合理充分地摄取都是保证我们在锻炼的同时能够很好地保持身材和增强肌肉的前提，各种食物综合搭配使用是最好的办法，不可偏食也不可不食。药补不如食补，希望各位在走向健康的道路上能够轻松愉快。

徒手健身运动减肥瘦身配合的饮食

通过体育锻炼来健身、减肥往往是大多数运动者想要达到的效果，尤其是女性朋友，而且很多人认为只要通过加强运动和减少饮食就能有很好的效果，这种想法是错误的。节食并不是最理想的减肥方法，而且其不良反应也是很明显的。那么我们该如何通过锻炼和合理饮食去达到最好的减肥效果呢？

要减肥首先我们要先了解一下，什么是肥胖？怎么样才

算是肥胖？肥胖分为哪几种？然后想办法如何去控制肥胖和减肥。

❖ 何为肥胖

肥胖是指一定程度的明显超重与脂肪层过厚，是体内脂肪尤其是甘油三酯积聚过多而导致的一种状态，医学家给肥胖下的定义是，肥胖是当人体摄取食物过多，而消耗能量的体力活动减少，摄入的热量超过了机体所消耗的热量，过多的热量在体内转换成脂肪大量积蓄起来，使得脂肪组织的量异常增加，体重超过正常值的 20% 以上，有损于身体健康的一种超重状态。

通常情况下，我们用肥胖度来形容一个人的肥胖程度。肥胖度 =（实际体重 – 标准体重）/ 标准体重 ×100%。我们将肥胖度在 ±10% 之内称为正常适中。肥胖度超过 10%，称为超重。肥胖度超过 20%，称为轻度肥胖。肥胖度在 30% ～ 50% 之间称为中度肥胖。肥胖度在 50% 以上称为重度肥胖。

❖ 什么时期容易产生肥胖

那么人们是不是在任何时期都会容易发胖呢？答案是否定的，通常情况下人的一生主要有以下几个阶段是容易发胖的，分别是青春期、结婚后、产后、中年期和更年期。

青春期是发育期间，这期间身体的激素分泌旺盛，身体对营养的吸收非常迅速，加之青春期性格变化大，不再那么活泼和爱好运动，变得稳重，若一旦不注意加强体育锻炼就很容易造成身体发胖。

结婚后由于生活环境变好，生活方式发生变化，饮食得到保障和改善，心情愉快，所以很容易造成心宽体胖，尤其是男性朋友。

产后短期内营养充足，缺乏锻炼，休息时间较长，也容易导致发胖；而中年期和更年期由于对体育锻炼的忽视和身体代谢的渐渐放缓，使得体内能量不易消耗，积攒下来就变成了脂肪，造成肥胖的发生。

❖ 肥胖的原因和种类

我们把肥胖的原因归结为以下几类：

1. 遗传与环境因素；
2. 物质代谢与内分泌功能的改变；
3. 脂肪细胞数目的增多与肥大；
4. 神经精神因素；

5. 生活及饮食习惯；

6. 药物性肥胖。

我们通常所说的肥胖一般是指无明显的内分泌和代谢性疾病造成的单纯性肥胖。单纯性肥胖和年龄遗传、生活习惯和脂肪的组织有很大的联系。而单纯性肥胖又可以分为体质性肥胖和获得性肥胖。

体质性肥胖患者大多自幼儿时期起由于营养过度和食欲好引起脂肪细胞增生肥大造成，此类肥胖大多有家族遗传倾向，且不易通过控制饮食达到减肥效果。

获得性肥胖大多数发生在成年后由于饮食的不节制和运动的缺乏导致能量积累引起脂肪细胞肥大而造成，这类肥胖虽说也会通过家族遗传，但可以利用对饮食的合理控制来达到较好的减肥效果。

另一种由内分泌和代谢疾病引起的肥胖我们称之为继发性肥胖，属于病理性肥胖，较常见的有以下几种：

1. 由于下丘脑病引起；

2. 多见于垂体前叶功能减退；

3. 胰源型，包括糖尿病早期、胰岛素瘤等引起胰岛素分泌过多；

4. 甲状腺功能减退症，严重者常伴有黏液性水肿；

5. 肾上腺皮质功能亢进症，尤其是皮质醇增多症；

6. 性腺功能减退症，包括女性绝经期等。

❖ 肥胖的危害

肥胖具体会导致哪些危害？首先，肥胖会增加心血管疾病的危险，影响消化系统和内分泌系统的功能；其次，肥胖也导致了癌症发生率的增加。肥胖不仅影响我们的体形美，而且给生活带来不便，给身心健康带来危害。所以我们应该通过自身的努力去克服和战胜肥胖。

❖ 肥胖和饮食的关系

饮食结构的不合理是导致肥胖的因素之一。偏食和挑食也会成为肥胖产生的原因，有的人喜欢吃甜食和高热量的食物，

这就导致身体的热量产生多于消耗，那未被消耗的部分就会化作脂肪被身体储存下来，久而久之体重越来越重，肥胖也就随之而来。

进食的方式对肥胖的发生也有影响。据研究发现，在同样的环境下食用同样量的食物，每日进食一次的人群比每日进食两次的形成肥胖的概率要高，而每日进食两次的又比每日进食三次的要高很多，这就是为什么我们会倡导少量多次的进餐方式。

❖ 如何通过饮食的调节来减肥

我们所说的通过饮食调节来减肥并不是说完全通过节食或控制饮食来完成，饮食调节和适量运动的结合才是最好的减肥方式对于不同年龄段和不同性别的人来说，通过饮食减肥的方法也是不同的。

首先是儿童减肥的饮食。儿童如果不注意调节饮食习惯和饮食结构，则有很大可能发展成为日后的肥胖，对于儿童的饮食控制应该遵循下面几条原则：

1. 一定不可以影响其正常发育。也就是说在控制其饮食量和结构的同时，也要充分考虑到其发育期本身需要的营养摄入。

2. 不能影响孩子心理健康成长。这就要求家长在通过控制孩子饮食达到减肥效果的同时要积极与其进行沟通，让孩子在心理上理解和接受这一行为。

3. 不能让其盲目地、被动地去减肥，应该让孩子知道肥胖

带来的不良后果，然后鼓励其积极主动地自己去学会控制自己的生活习惯和饮食习惯。

由于儿童处在身体发育阶段，过激的减肥行为会对其身心健康都造成严重的不良影响，所以家长在给儿童进行减肥时应该格外注意。

针对不同阶段制订合理的减肥营养食谱，均衡其营养需求，多食用水果蔬菜，利用蛋白质、脂肪和碳水化合物的综合配合来达到最理想的健康减肥效果。

一般认为儿童减肥不宜过多使用节食这一方法，对于轻度肥胖和中度肥胖的儿童来说，只要适当地减少其脂肪和糖类的摄入就可以了，对于重度肥胖儿童则可以进行适当的节食。不要因为一点发胖就盲目地进行节食，那样往往会导致很多严重的后遗症，例如营养不良、抵抗力下降、厌食、贫血等。

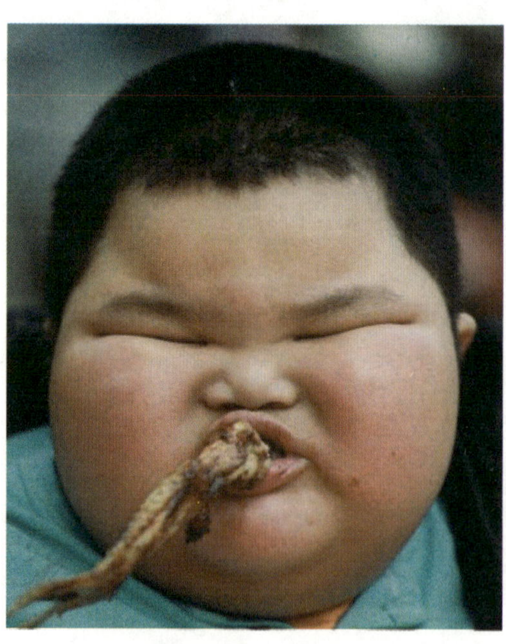

有人认为儿童肥胖就应该停止食用油质。这种说法也是错误的，食用必要的油质可以帮

助保护内脏，维持体温，保证氧气供给充足并且提供脂肪酸，促进脂溶性维生素的吸收。所以儿童减肥不能强调限制油质的食用，应该将其与其他食物进行合理的搭配。

现在很多家长通过让孩子只吃素食来帮助孩子减肥，这是错误的方法。素食的确有抑制肥胖的作用，一般情况下素食热量低，且富含维生素，容易消化，许多豆制品和蔬菜中含有抗癌物质，蔬菜还含有大量纤维素，利于肠道蠕动排出毒素，但是蔬菜等素食中缺乏蛋白质和钙、铁等微量元素，长期食素会导致微量元素缺乏，蛋白质摄入不足，引起夜盲和佝偻等疾病。

儿童饮食还应该注意要有合理固定的饮食时间，倡导少量多次的饮食方式。

其次是关于老年肥胖的饮食方式。多数人认为老年人不易发胖，因为其营养吸收能力随着身体机能的慢慢衰退也慢慢降低，但近几年随着医疗水平和生活质量的提高，老年肥胖也在慢慢增长中。老年人的肥胖与年轻人的肥胖并不相同，其具有以下特点：

1. 初老期相对较多，随着年龄的增加逐渐减少；

2. 文职人员和行政干部较多，农村相对较少；

3. 脑力劳动者要多于体力劳动者；

4. 常合并动脉硬化、高血压、高甘油三酯血症、胆囊炎、胆结石等；

5. 个别人有服药不当的历史，如长期服用激素；

6. 心情改变、饮食习惯的改变、环境的改变也会促使肥胖产生。

由于老年肥胖除了具有一般肥胖的特征外，还具有年龄上的特性，所以一般对于老年人的减肥倡导采用综合治疗法，也就是在没有综合并发症的情况下可以通过食疗来完成，而如果有严重的并发症，还应该在医生的指导下采用食物、药物治疗相结合的方法。

老年人减肥应该遵循下面的几个原则，第一是通过饮食减肥时，不应该采用快速减肥法，应该循序渐进，在医生、营养师的指导下进行。第二是运动减肥时不应运动量过大，以能够适度舒筋活骨为标准，进行动作幅度较小的运动。第三是应该以中医治疗为主，以保持身体健康为首要前提。第四是要制订

详细的减肥计划，不能急于求成，要以保持身体健康为目的。第五是由于老年人肥胖通常会带有很多的并发症，所以老年人减肥应该以去除疾病、保持健康为主要目标。

老年人减肥时饮食安排可以大体参照以下方法：

1. 每日按时吃饭，细嚼慢咽，每餐只需七到八分饱即可。

2. 饮食要低盐低油，应戒烟，少量饮酒可以达到活血疏筋的效果。

3. 禁食零食，严格控制糖分摄入。

4. 减少主食摄入，早饭可以选择鸡蛋、牛奶和豆浆；中午食用蔬菜、瘦肉和豆制品；晚饭食用蔬菜和豆制品。

老年人在减肥时，饮食控制、运动、药物治疗中以控制饮食最为重要，轻度肥胖者适度减少大米、面粉和其他含糖量和脂肪量较高的主食。

重度肥胖则应采用通过三种减肥法结合运用的方法。当然应该注意的是有肝病的患者不应通过节食治疗法来减肥。

不论是老年人还是其他年龄段的人，对于肥胖都应该以预防为主，老年人在初老期时就应该注意良好饮食结构和习惯的养

成，也应该注意各种激素的使用，很多药物中都会存在导致肥胖的各种激素。

女性是减肥人群里的主力军，其实很多女性并不是肥胖患者，但出于对身材的要求，很多女性都会选择通过节食来严格控制身体脂肪的正常增长。要知道长期节食会导致很多不良后果，肠胃疾病已经成了现代减肥女性的通病。

爱美之心人皆有之，但是爱美之道也应该科学、合理。一般女性在中度肥胖之前最好不要节食，要知道女性因其特殊的生理原因，长期需要摄入充足的营养物质，特别是铁元素和造血食物的食用。女性的身体素质也普遍比男性要低，所以合理充足的饮食就显得更加重要。

女性朋友要想保持很好的身材最好的方法还是通过运动来达到。跑步和各种徒手健身运动是最好的方法，瑜伽已经成为越来越多女性朋友热爱的运动之一。瑜伽的特点使得人体的各个部位都能得到很好、很均衡的锻炼，对身体的塑形也具有很强的作用。羽毛球、网球等球类运动也是非常适合女性朋友参与的运动。

那么如何通过饮食的调节来控制体重呢？我们说的是调节而不是节食。首先，应该多食用含纤维素较多的食物，如玉米、红薯之类，这些食物能够很好地促进肠胃的蠕动和对营养的吸收，有利于将体内的毒素排出。

其次，应该多食用豆制品，豆制品中含有大量有利于皮肤保养和促进代谢、保护肝脏的营养物质，并且豆制品中含有一定的雌激素，对女性很有益处。

再次，应该多吃蔬果，蔬果除了能够让身体健康外还具有美容效果，例如草莓能够增白和保湿，苹果可以淡化脸部雀斑和黄褐斑，橘子能够增强肌肤弹性和促进美白、抗老化，西红柿能平衡皮肤的 pH 值，芦荟可以抗过敏等。

不同的蔬果也具有不同的减肥效果。苹果瘦身法、香蕉瘦身法、白萝卜瘦大腿、西瓜瘦小腿等都已经是众所周知的瘦身方式。但无论是何种蔬果，其摄入量都应该是有控制的，多多益善并不适合用在这里，具体每种蔬果应该食用多少才算适度应该视个人身体素质的不同而定，最好能够在营养师的指导下食用。

❖ 主要的减肥食品

通过上述讲解，大多数人已经大体知道了如何通过饮食达到减肥的效果，但是我们一开始就说过，仅仅通过调节饮食得到的减肥是不健康的，我们必须通过和运动的结合来进行健康减肥。那么具体哪些食物才是有利于减肥的食物呢？

粮食类：首先是玉米，玉米中所含的微量元素可以抑制癌细胞的形成和发展，同时玉米作为粗粮其含糖量相对较低，玉米含有的大量卵磷酸、维生素 E、膳食纤维等，有降低胆固醇、防止血管硬化和抗衰老等显著功能。其次是山芋，山芋中含有的植物纤维80%以上无法被人体吸收，所以可以促进肠胃蠕动，利于将体内毒素排出。再者是红豆、绿豆、黄豆等豆类食品。

水果类：西瓜被称作夏季的水果之王，具有通便降火的功能，瓜皮还具有清热保湿作用，且每100克西瓜仅含有21大卡的热量，是最理想的减肥水果。山楂具有促进消化消除油腻的作用，也是减肥的合适选择。苹果、柠檬、香蕉等也都是很好的减肥果类，长期食用还可以美容养颜。

蔬菜类：萝卜和黄瓜的效果最佳，萝卜具有通气健胃功效，并能解食毒和药毒，萝卜不是水果胜似水果，有“十月萝卜小人参”等美称。黄瓜中富含的丙醇二酸有抑制糖类在体内转化成脂肪的作用，体内糖分无法转化为脂肪则可以很有效地达到控制脂肪生长和减肥的效果。番茄、冬瓜等蔬菜也能对减肥起到很好的作用。以上蔬菜最好搭配食用，在充分补充维生素的前提下减少脂肪的生成。

禽蛋类中鸡蛋的功效最为明显，食用鸡蛋能给人体提供充足的蛋白质，并且食用鸡蛋还能抑制食欲。肉类则以鸽肉为最佳，鸽肉不仅脂肪含量低而且含有丰富的血红蛋白，对补肝肾、益气血具有很好的疗效。

山楂茶和桂花茶等茶类也是很好的减肥食品，不论是用何种食物去达成减肥的效果，坚持不懈和多多锻炼是最重要的。希望各位在减肥的同时能够很好地保持营养需求，合理减肥，健康减肥。

第五章

运动安全篇

徒手健身运动场所选择

一般情况下，徒手健身运动对场地要求不高，可以在普通场地上进行。但是，对于一些比较特殊的或者高水平的训练，则应该在专门的场地进行，以保证运动的顺利与有效，避免发生运动损伤。

❖ 室内运动

徒手健身的很多项目可以在室内完成，比如在家、办公室等地方进行的徒手健身操等。对于室内运动来说，场地要求比较宽松，一般只要有足够的空间、平整的地面、通畅的空气即可。

在家里或者办公室运动时，要注意安全，防止被桌椅、柜子等家具的尖角碰伤；保持地面平整，防止被地面物体绊倒、摔伤。对于活动幅度较大的徒手健身运动，我们建议读者朋友选择较大空间的场地，比如健身馆。最好是选择铺有专业地板或者地毯的健身馆，场馆要光线充足并且保持通风。如果墙面是镜子的话，更有利于在练习时及时发现自己的错误动作并纠正。对于表现力较好的练习者，通过镜子欣赏自己的优美动作，还可以增强自信心，愉悦心情。

另外，健身场馆的卫生状况十分重要，如果健身馆的地面不经常打扫，环境不整洁卫生，那么会对练习者的身体健康产生不利影响。

❖ 室外运动

散步

散步是一项非常简单易行的运动，它对活动场地和装备的要求也不是很高。一般说来，人们多在社区、公园内进行散步活动。对于室外散步来说，要注意以下几个问题：

散步具有很高的普遍性，人们往往在早上、午饭后、晚间都会进行散步活动。尤其是在晨曦朦胧的清晨，湖边、公园、林荫道到处都有晨练、散步的人们。但是，清晨的室外并不是散步最佳的时间、地点。原因是在于公园、林荫道等地方的植物夜间吸收氧气，释放二氧化碳。清晨，植物的光合作用才刚刚开始，空气中的氧气相对较少，二氧化碳的浓度较高，散步效果会受到影响。

另外，在城市中，清晨的大气相对静止，各种污染气体不容易消散，是一天中空气污染较严重的时间，如果这个时候在室外散步的话，会呼吸到污染气体，对身体不利。

雾天的时候也不适宜在室外散步。雾天，空气中的污染颗粒会与水汽结合，变得不容易消散，使得有害物质大部分聚集在人们经常活动的高度。如果人们在雾天进行室外活动，会被这些有害物质伤害眼睛或者咽喉，引起上呼吸道感染或者过敏性疾病，例如眼结膜炎、荨麻疹、支气管炎、咽喉炎、鼻炎等。所以，练习者不应在清晨或者雾天进行室外散步，可以尽量选择在午后或者傍晚外出，在植被覆盖较多的公园、林荫道、湖边进行散步活动。对于习惯晨练的人来说，可以在早上进行一些室内的徒手健身运动，如健身操、爬楼梯等，来达到晨练的效果。

慢跑

大家都知道有氧运动不仅可以锻炼身体，而且减肥效果也备受人们赞赏，而慢跑是最适合都市人们进行有氧运动的方式。慢跑场地的选择，对于慢跑效果的呈现起着非常重要的作用。

一个好的慢跑场地，必须是少车宽敞、空气比较新鲜、不偏僻的地方。学校的运动场对于学生练习者来说，是一个不错的选择。其他的练习者，可以选择家附近的公园、林荫道等作为慢跑场地。有一些沿河的公园，会有专门的慢跑道，供练习者进行慢跑活动。

值得注意的是，练习者不应选择在有车流往来的道路、桥梁上，或者人流量较大的街道、商场周围慢跑，这不仅会给自己的人身安全带来威胁，也会给别人制造不必要的麻烦与不便。

另外，夏季的中午和下午，日照强，气温高，这时候在室外跑步很容易脱水、中暑。因此，应该选择在室内进行慢跑，或者是在傍晚气温较低时再去户外跑步。

冬季相对来说是比较适宜进行慢跑活动的，但是天气过于寒冷或者雨雪天气时，不应该去室外跑步，以免由于路面湿滑造成摔伤。

研究表明，在细雨中跑步更有利于身体健康。因为雨的降落能洗涤空气中的尘埃，净化空气，使得空气更清新，路面更洁净。雨前和初雨时会产生大量负离子，令人心旷神怡，耳清目明，并且有助于降低血压。另外，细雨中进行慢跑还能消除疲劳，放松心情，令人神清气爽，心情愉悦。

爬山

爬山的好处很多，既可以锻炼身体，全面提高身体素质，又能磨砺意志，还能在爬山的途中认识更多的人，提高交流能力。

对于爬山本身来说，场地的选择没有具体的要求。如果自己比较青睐哪座山的风景，或者想获得征服哪座山的成就感，又或是觉得自己的身体状况最适合爬哪座山，那么就可以自然地做出选择了。

值得注意的是，练习者在进行爬山运动之前，一定要对自己所选择攀登的山峰做全面的了解。根据自己的身体状况、天气状况等选择一条最合适的路线，制订出最详尽的计划，准备好可能需要的物品。

骑自行车

自行车作为一种交通工具，同时也是一项锻炼身体的运动。对于专业的自行车选手来说，有公路、越野等场地之分，而大部分普通人群不以竞技为目的。下面简单介绍一下，骑自行车锻炼的场地选择问题。

对于社区或者学校有专门骑车道路的练习者来说，可以选择在人少的时候在专门的道路上骑车锻炼，最好是避开周末人多的时段。

骑自行车上班的人群，要注意走非机动车道或者自行车道，并且过马路的时候要注意安全，遵守交通规则。对于已经取消非机动车道又没有自行车道的地方，可以走人行道，但是要尽量靠右，并且注意安全。

雨雪天气，道路会比较滑，骑自行车会有一定的危险性。所以，要避开结冰的道路，或者在雨雪天气避免骑自行车外出。

游泳

夏日到来的时候，游泳成为最热门的健身、解暑运动。由于游泳必须在水里进行，面对城市内的各个游泳馆，不少练习者在选择上犯了难。那么，如何选择安全、健康的游泳场所呢？

首先，要观察游泳场馆是否公示有效卫生许可证及信誉度

等级标志，是否具有合法的经营资格。其次，看当天游泳池的水温、余氯浓度、pH 值等指标是否通过公示牌公示，是否符合国家卫生标准（余氯浓度：0.3—0.5 毫克/升，pH 值：6.5—8.5）。再次，观察游泳场馆是否设立了传染病检查岗并张贴禁游标志。最后，观察游泳池水质是否混浊，有无漂浮异物。正常情况下，站在池边能够看见两到三个泳道外的池底，而且池底无污垢。

保护游泳馆水质安全、促进健康运动，是每个人的责任。游泳者应该遵守以下几项义务：

在游泳之前进行淋浴。淋浴有助于去除汗水、化妆品、防晒霜和其他潜在污染物。

不要在泳池内大小便，避免污染水质。所以，游泳馆方面应该将卫生间设置在方便使用的地方，应教育所有游泳者在入池之前使用。

另外，有些游泳者担心泳池里的氯元素会对皮肤产生刺激。医生对此建议，喜爱游泳的朋友可以做一些护肤工作，比如游泳之后进行淋浴，尽量彻底清洗掉皮肤上残留的物质。之后可以涂上润肤乳，以防止皮肤出现干燥、刺痒的情况。

❖ 徒手健身前热身准备

热身准备活动是指在正式运动之前进行的基础练习。做好充分的准备活动，可以缩短身体进入最佳状态的时间，提高运动的效率。科学合理的热身安排，还能防止运动损伤的发生。

热身准备的具体作用

提高内脏器官的机能水平。内脏器官机能的生理惰性较大，即当活动开始，肌肉发挥最大功能水平时，内脏器官并不能立即进入“最佳”活动状态。在正式开始徒手健身运动之前，进行热身准备活动，可以在一定程度上提前动员内脏器官的机能，使内脏器官的活动一开始就达到较高水平。另外，进行适当的准备活动还可以减轻开始运动时由于内脏器官的不适应所造成的不舒服感。

提高中枢神经系统的兴奋状态。热身准备活动能让大脑反应速度加快，使参加活动的运动中枢神经系统相互协调，从而为正式运动时生理机能达到适宜程度做好准备。

调节心理状态。体育锻炼不仅是身体活动，也是心理活动。研究表明，心理活动在体育锻炼中起着非常重要的作用。体育锻炼前的热身准备活动可以发挥心理调节的作用，使人进入兴奋状态，能够很快很好地适应运动项目。

散步前的热身准备

或许很多人会说，散步这种如此舒缓的运动，还要做热身准备吗？答案是肯定的，实际上做任何运动之前都应该做热身准备。虽然散步的运动强度并不大，但是一些简单的活动筋骨的热身准备还是必要的。

一般说来，运动的准备活动分为心理准备活动和身体准备活动两方面，而散步的准备活动也是如此。

散步前应该全身心放松，适当地做一些肢体伸展活动，比如踢腿、扩胸、绕臂等。调匀呼吸，使呼吸平静而和缓，然后再从容展步。

下面为大家简单介绍一套散步前的热身动作：

1. 双臂侧平举，双脚左右分开站立。左腿向右前上方踢 2 次，再换右腿向左前上方踢 2 次。在踢腿时，要保持呼吸平稳，有节奏感。

2. 双腿并拢屈膝，双手扶住双膝，腰弯曲，分别顺时针、逆时针转动膝关节 3 圈。

3. 双脚左右分开站立，两臂前平举，挺胸收腹。将整个手臂向前上方、后上方甩动。

4. 随意抖动手腕、脚腕等关节处。

慢跑前的热身准备

慢跑的运动强度大于散步，在进行慢跑之前，需要进行大约 10 分钟的热身准备，让身体微微出汗即可。

具体可以参照下面几个动作方法：

活动颈部：双脚左右分开站立，两手叉腰，头部向前、向后、向左、向右，以及环绕运动。约 4 个 8 拍。

活动膝关节：双腿并拢，半蹲，两手扶膝，分别顺时针、逆时针扭动膝部各2个8拍。

直立，双手叉腰。一只脚抬起，脚尖点地，分别顺时针、逆时针转动踝关节2个8拍。然后换另一只脚重复上述动作。

踢腿运动：两臂上举后振，同时左腿向后半步，重心在右腿，两臂下摆后振，同时右腿向前上方踢。右腿重复10次后，左腿重复上述动作10次。

体转运动：双脚左右分开站立，两臂弯曲于胸前，身体向左、向右有节奏地转动4个8拍即可。

小贴士

热身要注意保持身体的温度，尤其是冬天，热身时要穿外套长裤，否则就失去热身的效果了。

另外，慢跑之前还可以做一些适当的拉伸运动，使关节活动角度变大，增加肌肉及肌腱的弹性与灵活度，避免跑步时受伤。可以做之前介绍过的压腿、转体、抻肩等活动。

游泳前的热身准备

首先，患有心脏病、高血压、肺结核、中耳炎、皮肤病、严重沙眼以及各种传染病的人不宜游泳。处在月经期的女性也不宜去游泳。

其次，要做好下水前的热身准备。要以伸展四肢的运动为主，弯腰、压腿、摆手等，目的在于增加肌肉的协调性，减少下水后遭遇意外事件的可能。但准备运动不能过分剧烈，因为剧烈运动后马上游泳，会使心脏负担加重。

准备活动一般可以跑跑步，做几节徒手操，如摆臂踢腿、扭腰转体、屈膝下蹲、向上跳起和俯卧撑等动作，主要使颈、肩、腕、髋、膝、踝关节，韧带，上下肢，腰腹部等部位的肌肉得到活动。对于不同姿势的游泳方法，准备活动的要求应有所侧重，如蛙泳重点在下肢、膝关节，自由泳重点在上肢、肩关节，等等。

下面具体绍防止膝关节半月板损伤和水中抽筋的热身准备活动的做法：

防止半月板损伤

有跪地后仰和深蹲转膝两种动作。跪地后仰的要领是：跪地，两手向后扶地，两踝关节外翻着地，膝关节反复向地面下压；深蹲转膝的要领是：体前屈，两手扶膝，深蹲后绕环。利用这两种方法来充分伸展膝关节内外侧韧带，为蹬夹腿技术提供良好的柔韧性，提高关节的灵活性，防止在蹬夹腿时损伤膝关节半月板。

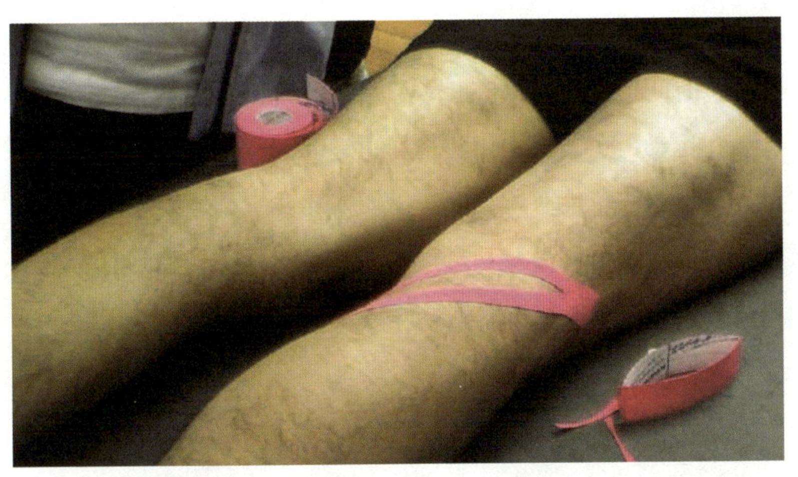

防止水中抽筋

最有效的准备活动是脚趾运动。其要领是直腿坐于地面，一条腿直着腿抬起并用手分别反复扳脚趾，以提高脚趾和大小腿后侧肌肉群的柔韧性，防止抽筋现象的发生。

另外，准备活动量的大小要根据天气情况而定。不要急于下水，树立下水前要做好准备活动的意识。一般情况下准备活动的时间掌握在5～10分钟，当气温和水温低时，如阴天、风天，准备活动的时间要长而且量稍大一点。再有准备活动时要积极投入，动作准确，协调有力，舒展流畅。准备活动充分的表现是血液循环加快，身体发热、出汗，关节灵活，动作轻松有力。

准备活动的量和时间随体育锻炼的内容和量而定，由于以健身为目的的体育锻炼量较小，所以准备活动的量也相对较小，时间不宜过长，否则，还未进行体育锻炼身体就疲劳了。半小时的体育锻炼，其准备活动的时间一般为10分钟左右。气温较低时，准备活动的时间也适当长一些，量可大一些。气温较高时，时间可短一些，量可小一些。

和运动员正式参加比赛不同，运动员准备活动后适当休息是为了让身体机能有所恢复，以便在比赛中创造优异成绩。而一般人进行徒手健身运动是为了增强体质，不是创造成绩，所以热身准备后可以紧接着进行徒手健身运动。

运动后放松活动

在体育界有一句话："放松是通往冠军之路的捷径。"这句话充分说明了运动后的放松活动在体育运动中的重要性。美国《每日健康》网曾在一篇报道中说过，运动过后的"冷却"，如同运动之前的"预热"一样不可忽视。据该报道称，人体在运动之后，需要逐步恢复到相对安静的状态，这是缓解锻炼时身心紧张的放松手段。

从心理学角度看，运动之后放松需要得法，首先是心境上的放松。良好的心境对人的行为具有促进作用，而消极的心境也可能使原先感觉很有兴趣的事情变得索然无味。另外，从生理学角度看，只有在心情舒畅的状态下，才能及时地解除运动中所形成的身体机能的紧张状态，让呼吸系统、心血管系统及肌肉、关节、韧带等都能得到运动后的松弛，有助于消除疲劳。

现实生活中，我们常常看到有的人进行剧烈运动之后，不做放松运动就离开了，这样的运动是不完整的，也不科学，并且往往会造成以下后果：

人体在剧烈运动时，能量消耗是很大的，需要摄取大量的氧，如果突然停止运动而不做整理活动，这不仅会影响氧的补充，而且会影响静脉血的回流和心脏输送量，造成一时性的脑贫血、血压降低等不良现象。

运动后马上静止不动，会让高度运转的神经、肌肉得不到缓冲，这时候激素水平、血压等都没降下来，对心脑血管很不好。

运动时消耗能量会让肌肉中聚集许多“废弃物”，比如乳酸等，如果身体在运动后不注意放松运动，它们会延长身体的恢复时间，还会造成侵蚀，使肌肉产生酸痛感。而且如果不做主动的放松，这些废弃物会在身体中慢慢分解，其间会影响进一步的锻炼。

运动后，身体放松活动的主要目的是减缓脉搏的高速跳动频率，使大量的血液返回心脏，从而避免其滞留在腿部。如果突然终止运动，则通常会有眩晕、恶心、筋疲力尽的感觉。

❖ 整理运动

健身运动后若立即坐下来休息，会阻碍下肢血液回流，影响血液循环，加深机体疲劳。该情况多见于那些运动量比较大的活动，如长跑等。正确的做法是在每次运动结束后，多做一些放松、整理的活动。

整理活动一般包括缓慢地走或跑和牵伸肌肉活动。

缓慢地走或跑：跑步之后不应立即停下来坐下，而要以轻松的步伐慢慢踱步，直至呼吸恢复舒畅为止。此做法可以保持较高的组织温度，使肌肉保持较好的伸展性和弹性，在此基础上进行牵伸练习，更有利于肌肉的放松。

牵伸肌肉：牵伸运动可使肌肉及时得到放松，有效地预防和缓解延迟性肌肉酸痛，并可加强骨骼肌蛋白质的合成过程，加速骨骼肌疲劳的消除。

❖ 针对肌肉酸痛的放松

这种一般在锻炼 24 小时后出现的肌肉酸痛在运动医学上称为“延迟性肌肉酸痛症”。锻炼后 24 ～ 72 小时酸痛达到顶点，5 ～ 7 天后疼痛基本消失。除酸痛外，还有肌肉僵硬，轻者仅有压疼，重者肌肉肿胀，妨碍活动。任何骨骼肌在激烈运动后均可发生延迟性肌肉酸痛，尤其长距离跑后更易出现。长跑者可出现髋部、大腿部和小腿部前侧伸肌和后侧屈肌的疼痛，在肌肉远端和肌腱连接处症状更明显。在炎热夏天进行极量运动后，除肌肉疼痛外，还可出现脱水、低钙、低蛋白等症状。

一般认为，运动后造成肌肉酸痛的原因为：

1. 肌肉的张力和弹性的急剧增加，可引起肌肉结构成分的物理性损伤。

2. 新陈代谢的增加，代谢废物对组织的毒性增加。

3. 肌肉的神经调节发生改变，使肌肉发生痉挛而致疼。

在发生了肌肉酸痛之后，我们可以采取做伸展运动、涂抹

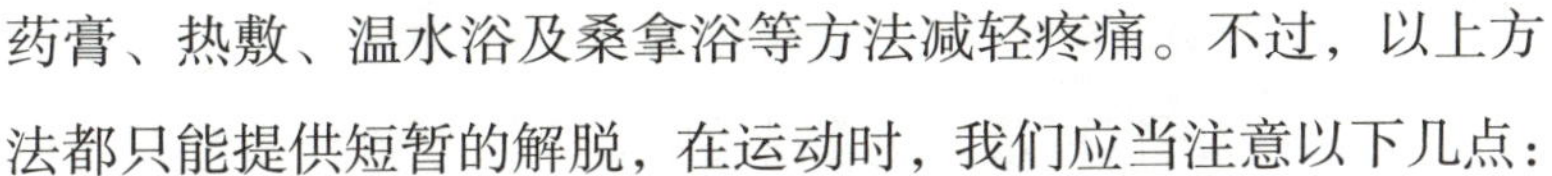

药膏、热敷、温水浴及桑拿浴等方法减轻疼痛。不过，以上方法都只能提供短暂的解脱，在运动时，我们应当注意以下几点：

1. 根据不同体质、不同健康状况科学地安排锻炼负荷，不要一味逞强。

2. 锻炼时，尽量避免长时间集中练习身体某一部位，以免局部肌肉负担过重。

3. 运动前做好准备活动，即将练习的局部肌肉应运动得更充分。

4. 运动后要注意进行一般性放松练习，重视肌肉的伸展牵拉练习。

❖ 缓解方法

拉伸运动

在剧烈的健身运动后，可以进行 10 分钟左右抻拉肌肉的活动。首先，做抻拉的时候，可以或蹲或站，但如果要坐下来，则一定要在地上铺上海绵垫，防止地上的湿气侵入身体，否则会使正处于脆弱状态的肌肉、关节出现更严重的酸痛感。如果实在太累，可以平躺片刻，让脚的位置略高于头，或与头的高度持平，然后依次抖动、拍打大腿、小腿、上臂、前臂上的肌肉。另外，也可以选择慢跑放松，最好快慢交替，当感到自己心率、呼吸都很平稳后，再过渡到行走。

伸展练习

伸展练习不仅可帮助防止延迟痛，而且可减轻已有的延迟痛。但使用伸展练习时不能太急剧或太猛。过猛可能进一步损伤结缔组织。伸展练习中的静力牵张是一种简单而有效的方法，时间不宜过久，中间应有休息，利于血流通畅。

冷、热敷

应该采取先冷敷、后热敷的方法。在最初的几天，每隔 4 ～ 6 个小时对疼痛部位进行一次冷敷，每次坚持 20 分钟。经过两到三天的冷敷之后，肌肉的紧张状态和疼痛感能够得到较大缓解，这时就应该及时采取热敷疗法，用热水浸透毛巾置于酸痛肌部位，无热感时立即更换。每次敷 15 分钟以上，每天 2 ～ 3 次。热敷能使酸痛肌血管扩张，改善血液循环，可缓解肌肉痉挛，又有利于受损组织的再生修复。

按摩

按摩的主要手法有抖动、点穴、揉捏、叩打、推摩等，一般多采用揉捏手法。四指并拢、拇指分开，手成钳形，将掌心及各指紧贴于酸痛肌皮肤上，拇指与四指相对用力将肌肉略往上提，沿向心方向进行旋转式移动。亦可配合采用点穴按摩。确定作用点后，用中指和拇指指腹对作用点施加压力。手指连续缓慢地向深处加压、旋转，每个作用点按摩 1—1.5 分钟。也可以参照第二章中缓解肌肉酸痛的按摩方法。

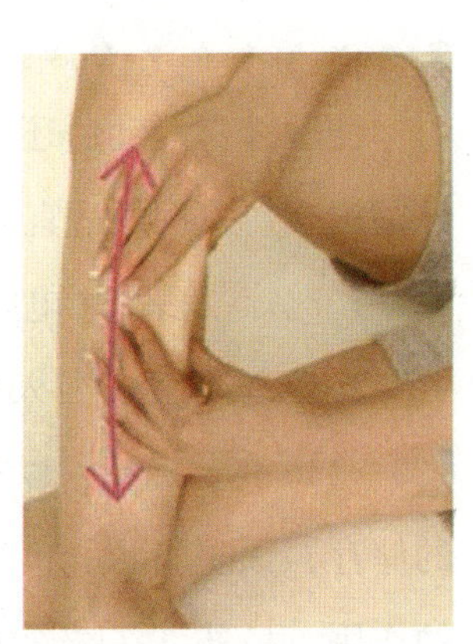

针灸

针灸疗法缓解延迟痛作用显著。多用手针刺有关穴位或斜刺 (顺肌纤维走向) 酸痛肌阿氏穴，亦可采用电针疗法。针刺可在延迟痛时进行，亦可在运动后延迟痛尚未出现时进行，对延迟痛起一定的预防作用。另外还有理疗、水疗和药物疗法等。

小贴士

如果想通过热水浴、桑拿浴等水疗方式来达到放松的目的，

切记不要刚锻炼完就冲向浴室洗澡，这很容易影响身体的血液循环，增加心脏的负担。尤其是蒸气浴和桑拿浴，训练后立刻使用很容易导致头晕、恶心甚至心率衰竭。所以运动后做一些简单的放松和抻拉练习，一定要等心率在每分钟120次以下，5～10分钟身体“冷却”之后再去洗澡。

徒手健身运动后还有很多别的放松方式，大家可以根据自己的情况，采用最适宜的方式来放松身心：

1. 电疗：多采用电兴奋疗法和间动电流疗法。

2. 合理膳食：当人体感到疲劳或大运动量训练后，给予100—150克葡萄糖，以补充运动中热能的消耗，可促使肝糖原的储存，预防脂肪肝，并且有恢复血糖水平、加速消除血乳酸的作用。另外，在膳食中要注意补充蛋白质、维生素 B_1、维生素 B_2、维生素C、尼克酸及水和矿物质。因为训练使体内能源物质、维生素和矿物质大量消耗，不尽快使这些物质水平恢复正常，机体的运动能力就要受到影响。

小贴士

剧烈运动之后不能马上吃冷饮。剧烈运动能使体温上升到39℃左右，这时大量吃冷饮对消化道是一个强烈刺激，会引起消化道强烈蠕动，产生腹痛、腹泻。同时，冷热的急剧变化会使胃部血管突然收缩，次数多了就会引起消化吸收功能失调，造成消化不良或其他疾病。此外，运动后咽喉可能处于充血状态，过强的冷刺激会引起喉咙疼痛、嘶哑等现象。因此，运动后不宜马上吃冷饮，宜先休息一会儿再吃。

3. 冥想：冥想也是运动训练后常见的恢复手段。你可以坐着，或仰卧，四肢平伸，处于安静状态，闭上眼睛，想象自己处在某种使你感到放松和舒服的环境之中。注意状态集中在大脑所想象的事物上，比如，温暖的阳光照在你的身上，迎面吹来阵阵清爽的微风，海浪在有节奏地拍打，正在鸟语花香的树林里散步等。同时如果能配合张弛有度的呼吸，放松效果将加倍。

4. 让睡眠更充足优质：睡眠是消除疲劳最根本有效的方法之一。经常参加锻炼的人，要保证充足的睡眠时间和良好的睡眠环境。一般每天至少保证 8 小时的睡眠时间。

有的人在运动后会失眠，其主要原因是运动后我们的神经仍然会处于兴奋的状态，令人一时难以入睡。尤其是参加的运动是配有较强音乐的大运动量有氧操，更容易令神经较敏感的人睡眠困难。可以试着将运动时间改在上午或下午，如果只能在晚上，最好选择瑜伽这类较为舒缓的运动。

❖ 肌肤护理——沐浴

大多数人习惯性的做法是：运动后立刻飞奔至浴室，快快冲洗掉一身的汗水。然而事实证明，这种做法不仅不会让你感觉舒适，甚至会引发各种不适和疾病。在运动时，为保持体温恒定，人体皮肤表面的血管会扩张，汗毛孔张大，排汗增多，

在运动停止后，这种状态还会持续一段时间。这时洗热水澡，会使皮肤内的血管进一步扩张，血液过多流进肌肉，血压降低，导致心脏和大脑供血不足，轻者出现头昏等不适症状，重者可能会虚脱。研究表明，合理的洗浴时间是在运动后心率恢复运动前水平、发汗停止后。

❖ 调节恰当的水温

健身后淋浴的水温也要适当。因为刚刚运动后大汗淋漓，若遇冷水则导致毛细血管骤然收缩，易使身体的抵抗力降低，而引起疾病。若水温超过 40℃时，出现心肌缺血者明显增多。而水温 40℃左右的池浴比淋浴更能起到使身心放松、解除疲劳的效果，但泡在热水里的时间一次也不宜超过 5 分钟。

运动安全与指导

在运动中，最重要的就是安全问题。安全是运动取得效果的基础，是不发生运动损伤的前提。

只要重视运动安全，了解可能发生的安全事故并且做好预

防措施，就能很好地保证运动安全，提高运动效果，避免运动损伤。

❖ 运动前准备

首先，在进行运动之前要保证：衣服上没有别胸针、校徽、证章；上衣、裤子口袋里不要装钥匙、小刀等坚硬、尖锐、锋利的物品；不佩戴各种金属的或玻璃的装饰物；头上不戴各种发卡；患有近视眼的，如果不戴眼镜可以体育活动，就尽量不要戴眼镜，如果必须戴眼镜，做动作时一定要小心谨慎；做垫上运动时，必须摘下眼镜；不要穿塑料底的鞋或皮鞋，应当穿球鞋或一般胶底布鞋；衣服要宽松合体，最好不穿纽扣多、拉链多或者有金属饰物的服装，有条件的应该穿着运动服。

另外，运动前 2 小时不要进食，最好在运动前 3 小时吃一些牛肉或瘦猪肉，但不建议吃油腻的膨化食品；在运动前不要喝大量的水，建议可小口饮用少量生理盐水；不要穿软底鞋参加跑步、跳高、跳远之类的运动，鞋带不要太长；前一天晚上应尽早休息，检查一下运动装备，做一些通常能使自己快乐的事。

❖ 运动中的防护

骑车健身的安全

作为一项速度运动，骑自行车本身危险性较大，所以大家在从事这项运动的时候，要注意以下问题：

1. 青少年正处于生长发育阶段，骨质柔软，如果长期骑车把较低的自行车，会影响脊柱的弯曲度，对形体发育产生不利。所以，青少年在骑自行车锻炼的时候要注意姿势正确。

2. 骑车锻炼时不要选择市区马路作为地点。汽车尾气和城市空中的尘土对运动中的人危害极大。骑自行车时，如果吸入污染气体和尘土，那么将随着心肺功能的加强而被传遍全身，从而影响到全身脏器的健康。短期可能表现为干咳、不舒服；时间长了会头痛、浑身无力；更严重的会患上肺部疾病。另外，夏季天气炎热，日晒强烈，容易中暑，更不适合在马路上骑自行车。

游泳健身的安全

游泳对技术要求比较高，并且危险性也比较大。所以，游泳中产生的安全问题也不得不让人重视。

首先是在场地选择上，要注意不能去水库、湖泊、江河等处游泳，以防不测；其次，儿童游泳要有成人的陪同，初学者应该在 1.4 米以下的浅水区练习；另外，不能在浅水区、中水区“扎猛子”，以免头部撞击池底或者池壁发生危险。

除此之外，游泳时还有以下禁忌：

1. 不能剧烈运动后游泳。剧烈运动之后马上游泳，会加重心脏负担。体温的急剧下降，会降低抵抗力，引起感冒、咽喉炎等病症。

2. 不能在不熟悉的水域游泳。在游泳池以外的天然水域游泳时，一定不能贸然下水，以免因不熟悉水域而发生溺水的意外。

3. 不能在酒后游泳。喝酒之后下水游泳，体内储备的葡萄糖大量消耗会出现低血糖。另外，酒精会抑制肝脏的正常生理功能，妨碍体内葡萄糖转化及储备，从而发生意外。

4. 不能不做准备活动游泳。泳池的水温通常都比体温低，如果不做准备活动让身体热起来，那么，在下水后会引起腿抽筋等身体不适状况。

5. 不能游泳后立即进食。游泳之后如果立即进食，会突然加重胃肠的负担，时间久了会引起胃肠道疾病。

6. 患中耳炎者不能游泳。不论是慢性还是急性中耳炎患者，如果下水游泳的话，会让发炎的中耳接触更多的水，引起更严重的发炎，使病情加重，甚至引起颅内感染。

爬山健身的安全

爬山是一种运动强度适宜、持续时间较长的户外运动方式，具有明显的运动和减肥效果。但是，不是每个人都适合这项运动。不适宜的人如果从事这项运动，往往会发生安全事故。

1. 严重的骨质疏松症患者不能爬山。山路坎坷崎岖，更容易导致骨折的发生，增加发生骨折的危险。

2. 冠心病患者、不稳定心绞痛患者、先天性心脏病患者不能爬山。运动强度过大，运动时间过久可能会诱发心绞痛以及心肌梗死。

3. 有感染的时候不能爬山。感冒发热、咽炎、扁桃体炎以及其他感染存在的时候，不能爬山。因为研究发现，剧烈运动会导致暂时的免疫系统的功能抑制，这会导致原有的感染加重。

4. 患有严重骨关节病的患者不能爬山。登山对肌肉、关节的功能及灵活性要求比较高。一方面，关节变形或者损伤严重时，其功能以及灵活性下降，不适宜进行爬山活动；另一方面，登山时关节、肌肉的负担比较重，往往会加重原有的损伤。

另外，在炎热的夏季选择爬山时，要注意预防中暑。中暑的具体症状有：全身乏力、头昏、胸闷、心悸、口渴、大汗，体温升高达 37.5℃以上，伴有面红、恶心、呕吐、皮肤灼热，严重的时候会产生昏厥、昏迷、抽筋或者高热等症状。

爬山过程中，如果出现轻度中暑，应该立刻撤离高温环境，在树荫下休息，及时补充清凉、含盐的饮料，休息 2—3 小时。如果情况比较严重，要及时向周围的人求救，在用各种办法降温的基础上前往医院救治。

跑步的安全

不正确的跑步姿势会造成不同程度的运动风险：

1. 步幅过大：增大步幅会造成腾空时间长、重心起伏大、落地力量重，这样对人体的震动会增大。

2. 内外八字：日常走路时，很多人会有“八字脚”，跑步时如果仍然是“内八字”或者“外八字”，那么膝盖和脚尖就不能保持在同一个方向上，这会加重膝关节的负担，长期这样会造成膝关节等部位的损伤。

3. 左右摇摆：有的运动爱好者特别是青少年，在跑步时喜欢身体过于摇晃。其实这样不仅会增加不必要的体力消耗，而且会破坏跑步的直线性，影响跑步的速度和效果。

❖ 服装、鞋子对安全的影响

很多人不注意运动时穿什么，这是不科学的。如果衣服、鞋子质量不好的话，不仅影响运动效果，有时候还会造成运动安全事故。

运动时穿的衣服和袜子一定要透气性好、比较吸汗。鞋子一定要合脚、弹性好，因为人体在运动时，尤其是在跑跳时，地面对人体的反作用力会通过鞋、脚向上传导，对踝关节、膝关节、脊柱、大脑及内脏等都有不同程度的冲击，时间一长就会造成关节的损伤和其他不良反应。而质量较好的鞋可以缓冲地面的反作用力，减少受伤的情况发生。

所以，跑步时应该穿专业的慢跑鞋，从而更好地保护关节，避免出现安全事故。

❖ 过度运动的安全问题

适时适量的运动能增强人的体质、改善人的心情，能够带来种种好处。但是，过度的运动却会出现不少问题。

导致过度运动的主要原因：

1. 运动负荷过大，超过了机体所能承受的范围，破坏了内在的稳定，就会造成身体的过度疲劳状态。

2. 长时间未参与相关运动，重新开始运动量突然增加。

3. 睡眠不足、工作压力大导致身体疲惫，再加上大强度的运动。

4. 大病初愈，机体功能尚未完全恢复，就开始运动。练习者体力消耗过大，精神过分紧张，最容易出现运动过度症状。

5. 疲劳出现后，没有及时地调整运动量，继续保持原有的运动量。

6. 情绪低落时，进行不合理的运动。

❖ 过度运动具体能产生哪些坏处

长期运动过度，会使人产生精神依赖。大运动量会使人体增加“吗啡样物质”的产生，这种物质大量释放到血液中，使人感到兴奋，可抑制各种不适与疼痛。时间一长便会成瘾，一旦停止运动，便会产生沮丧、抑郁、易激动、焦虑不安等不适的感觉。运动过度还能抑制生殖功能，使妇女月经不调、子宫内膜异位，男性会导致不育。因此，对于健身运动，如长跑、

游泳、登山等，要注意适量，否则对健康不利。

运动过度可使机体免疫功能受到损害，影响健康。人们在剧烈运动时，可产生免疫抑制蛋白，也可引起免疫细胞凋亡，使免疫细胞数量减少，淋巴球数减少，中性白血球功能减退，最终导致机体免疫力降低。在机体免疫能力降低的情况下，当遇到病菌、病毒侵袭时便容易罹患感冒、肺炎、胃肠道感染性疾病。

运动过度可造成运动能力下降。过大的运动量，会使各器官系统的功能都有所下降，会增加运动性贫血的发生率。反过来，贫血可造成运动能力不足，机体的反应能力下降，平衡感降低，肌肉弹性减小。一到运动场地，就头昏恶心，同时还伴有食欲下降、失眠易醒、易怒、便秘、抑郁、焦虑、易感冒等症状，这些都有可能影响运动能力的正常发挥。

运动过度可使机体受伤的机会增加。运动过量，会引起中枢神经疲劳，大脑皮层功能下降，运动者会出现反应迟缓，判断失误，精力不集中，动作不协调，导致运动中跌倒、撞伤的机会增多。

超负荷的剧烈运动可诱发意外。

安全事故应急处理办法

在进行徒手健身运动时，有时也会出现因为热身不足、运动方式不正确、运动强度过大等原因导致运动者受伤的现象。

常见的比如手脚磨破、膝关节损伤、肌肉拉伤、扭伤、骨折、脑震荡等。一旦遇见类似的意外事故，我们应该沉着冷静地应对并且及时进行处理和治疗。

❖ 手脚磨破

在某些健身运动中，如跑步、骑自行车、爬山等，会造成手脚磨破的运动损伤。

手掌和脚掌磨出疱以后，局部肿胀疼痛，会影响继续锻炼，应该采取方法进行处理，防止发生感染。

如果水疱或者血疱不大，最好不要刺破，可以抹上碘酊，让疱里的水分和血液慢慢吸收。如果水疱或血疱很大，肿胀得难受，影响拿东西或者跑步时，应该将其刺破，抹些红汞或者紫药水，再包扎起来。

小贴士

不管水疱大小，都不能用不干净的针、锥、发卡、牙签等乱挑乱刺、乱撒泥土止血，以免发炎化脓或者引起破伤风。

另外，平时在进行徒手健身时，戴上手套、穿好鞋袜等措施，都能对手脚磨破起到很好的预防作用。

❖ 肌肉拉伤

肌肉拉伤指肌肉在运动中急剧收缩或过度牵拉造成的损伤，一般在做跑步、引体向上、仰卧起坐等练习时容易发生。肌肉拉伤轻微者应该及时用冰水冷敷，进行按摩，必要时要外贴活血消肿的膏药。肌肉拉伤严重者视情况还应该抓紧时间去医院进行手术和临床治疗。

在进行体育锻炼时应该做好充足的热身活动，并且根据自身条件适量进行运动。肌肉拉伤者一般表现为局部受伤部位的疼痛肿胀，有时会伴随着痉挛和肌肉发硬。严重者会出现明显的皮下瘀血和触摸局部有凹陷或是一端异常隆起。

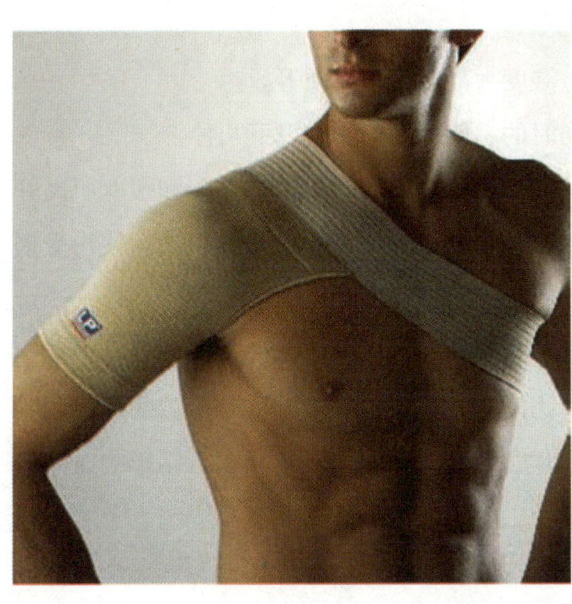

造成肌肉拉伤的主要原因一般有以下几点：

1. 准备活动不充分。肌肉的生理机能

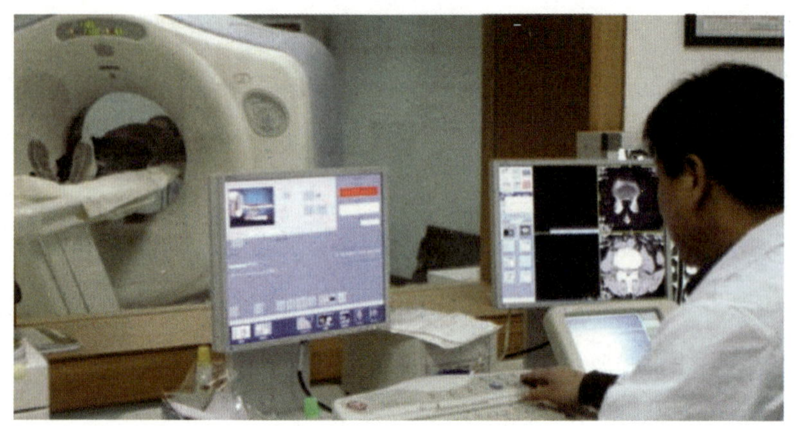

尚未达到剧烈活动所需要的状态就参加剧烈活动。

2. 体质较弱，训练的水平不高，肌肉的弹性、伸展性和力量较差，疲劳或负荷过度。

3. 运动技术低，姿势不正确，动作不协调，用力过猛，超过了肌肉活动的范围。

4. 气温过低，湿度太高，场地太硬等。

出现肌肉拉伤时的一般处理方法有以下几种：

1. 在受伤部位用冰水冷敷，减轻肌肉的疼痛和缓解肌肉肿胀，冰水冷敷可以减少受伤部位组织中的出血情况，使得受损范围得到很好的控制。

2. 及时用弹性绷带进行包扎。包扎的时候应该尽量使得绷带给肌肉带来的压力适中，不可过紧；当受伤部位明显感到刺痛和麻木发青的时候，应该及时将绷带放松，否则影响血液循环，造成受伤组织的二次受损。

3. 及时的休息和适量的运动。当肌肉拉伤后进行简单处理之后应该立即休息，让受伤部位最快速恢复健康，同时也应该适量进行缓和运动。适量的运动使得受伤组织内部血液再分布，加强供血和代谢，促进细胞的营养吸收，使得细胞加快恢复。

4. 当受伤较轻时，应尽量通过按摩和休息使得其自然恢复，没有必要的情况下无须进行医疗救治。可能会发生的肌肉拉伤，我们应该怎么去避免呢？

首先，我们在运动前要做好必要的肌肉力量和柔韧性练习，同时做好热身活动。合理地安排运动时间长度和运动量，对于健身运动一定要循序渐进，要有合理的安排，不能运动过度，那样只会事与愿违，不但达不到运动健身的效果，反而会有害身体健康。肌肉的拉伤预防主要是针对拉伤原因进行的，例如运动前做好准备，量力而行，防止过度疲劳和负荷太重，提高运动技术和身体协调性，改善运动条件，针对不同季节还应该

有不同的措施，冬天要注意保暖，防滑防冻，夏季要防晒防中暑防缺水。

肌肉拉伤后的恢复训练也是很有必要的。对于伤势较轻的患者，停止运动两三天就可以逐步进行功能性的锻炼，以此来加速肌肉的恢复速度，但应该避免重复发生受伤时的动作。六七天之后就可以逐渐增加肌肉的力量和柔韧性训练，当然其具体力度和强度应该控制在受损部位不疼痛和不会造成二次受损为佳。半个月左右基本就能恢复正常的运动了，但还是应该注意受损部位的日常护理，尽量避免再度受伤。

对于肌肉肌腱完全断裂或者脱骨的严重患者，应该及时停止所有运动，并且积极在医生的指导下进行医疗治理，所有的伤后恢复训练都应该在医生的指导下进行。

❖ 扭伤

扭伤是指由于旋转、牵拉或肌肉猛烈而不协调的收缩等间接暴力，使关节突然发生超出生理范围的活动时，引起肌肉、肌腱、韧带、筋膜、关节囊等组织产生撕裂、断裂或移位等，以局部肿胀、疼痛、活动受限、皮色紫青为主要表现的损伤性疾病。

扭伤是由于某些肌肉纤维和韧带断裂或损伤造成疼痛，扭伤的原因可能是外伤造成，也可能是运动时过度疲劳和用力不当造成。

造成扭伤的原因大体有以下三方面：

1. 过度的运动；

2. 运动前没有进行合理的热身；

3. 因为个人身体适应性差。

一般早晨扭伤后会出现肌肉疼痛无法运动到位、皮肤瘀血和肿胀等症状。对于运动中可能会造成的扭伤情况，我们通常是以预防为主，防扭伤主要有以下几种方法：

1. 运动前要做足充分的热身准备，使得身体肌肉达到最佳的运动状态；

2. 注意放松和休息，运动时间不宜过长，运动量也不易过大，每当进行一段时间和一定强度的运动后就要休息片刻，使得肌肉疲劳得到缓解；

3. 可以加强易伤部位的强化锻炼，例如对韧带、脚踝肌肉部位等；

4. 掌握正确的运动方式和合理的运动技术。

在运动中一旦发生扭伤事故，我们应该如何应对？

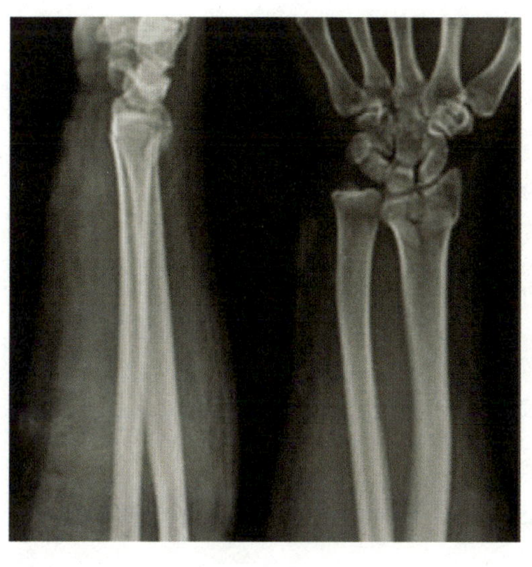

首先要及时对受伤部位进行冷敷，受伤当天尤其重要，每隔 3—4 小时就要冷敷 15 分钟。

其次，要让受伤肌肉得到很好的休息，不得再给易受伤部位加以额外的运动，以防二次受损和延迟恢复速度。

最后，要保持拉伤的肌肉处于抬高的状态，以此来减少症状的扩散，进而缩短康复时间。

总的来说扭伤要遵循基本的五项原则，即保护、休息、冰敷、压迫和抬高。

扭伤除了以上说的基本治疗方法之外，一般认为最好的办法还是采用中医针灸治疗为佳。针灸治疗扭伤的基本疗法即祛瘀消肿、舒经通络以化解受伤局部瘀血为主。

❖ 骨折

骨折是指骨的完整性和连续性中断。大多数骨折由创伤引起，称为创伤性骨折；其他的可由骨骼疾病所致，包括骨髓炎、骨肿瘤所致骨折破坏，受轻微外力即发生骨折，称为病理性骨

折。一般造成骨折的原因可分为三种，即直接暴力导致、间接暴力导致和积累性劳损。而一般运动导致的骨折都是由于暴力原因造成。

如何诊断是否骨折

首先是否有明确的外伤史。其次是通过体征来观察，例如，（1）骨折段移位可使患者的肢体形状发生变化，主要表现为短缩、成角或是旋转；（2）正常情况下肢体不能活动的部位，骨折后能出现不正常的活动；（3）骨折后，这段部位可能会出现摩擦感和声音。（4）最精确的判断是否骨折的办法就是通过 X 光检查。

骨折的治疗方法

对于骨折移位不明显或者是经过复位后，可以通过石膏、夹板等方式将受伤部位固定，使得受伤骨头通过自然生长的方式恢复。但是这样的保守治疗会有一定的并发症出现的可能，特别是老年人，长期卧床会导致各种身体不适，严重者会危及生命安全。

对于受伤较为严重的患者就必须进行手术治疗了。手术治疗主要是通过切开肌肉组织，直接在折断的骨头上进行物理性的治疗。通常在以下情况会考虑这种方式：

1. 骨折端之间有肌肉或肌腱等软组织嵌入，手法复位失败；
2. 关节内骨折，复位后对位不良，影响关节功能者；
3. 手法复位未能达到功能复位的标准，严重影响患者肢功能；

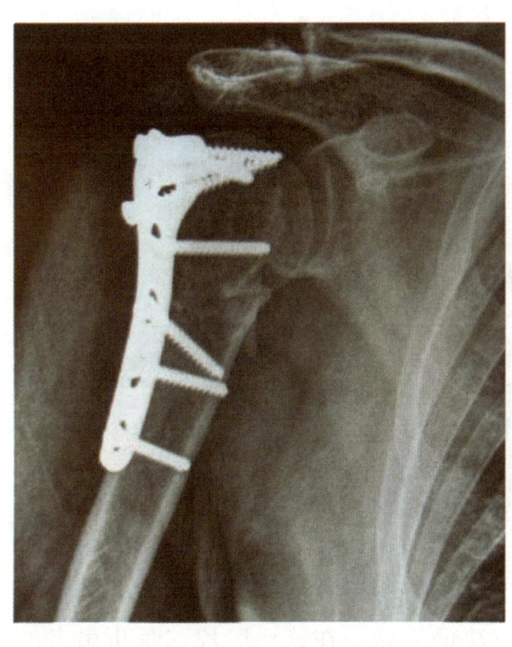

4. 骨折并发主要血管、神经损伤，修复血管、神经的同时，宜行骨折切开复位；

5. 多处骨折，为便于护理和治疗，防止并发症，可选择适当的部分行切开复位。

对于运动导致的骨折进行治疗一般情况下遵循以下几种原则。首先是尽量使用保守的治疗方式，虽然这样可能会产生一定的并发症，但是通过很好的照顾还是能够避免的，而且治疗所造成的创伤要比手术治疗小得多。其次是在不影响固定和骨折部位的情况下，尽量恢复肢体的活动，因为适当的肢体活动可以促进血液循环，消除肿胀，减少肌萎缩，保持肌肉的力量和活动能力，这样能够促进骨折的愈合，是恢复患者肢功能的保证。

骨折不像肌肉拉伤或是扭伤那样，只要好好休息就能够很好地恢复。一般骨折后骨头的恢复需要一定的营养物质给予补充能量，补充钙质就是很重要的一点。所以骨折患者的饮食结构和饮食内容也是很重要的。

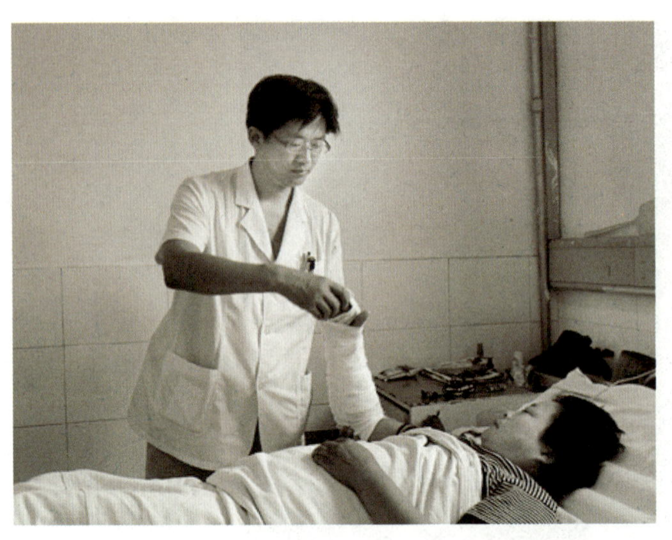

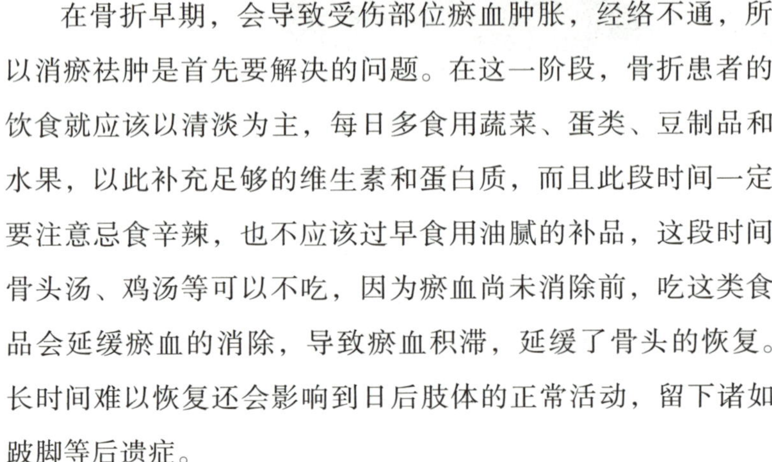

在骨折早期，会导致受伤部位瘀血肿胀，经络不通，所以消瘀祛肿是首先要解决的问题。在这一阶段，骨折患者的饮食就应该以清淡为主，每日多食用蔬菜、蛋类、豆制品和水果，以此补充足够的维生素和蛋白质，而且此段时间一定要注意忌食辛辣，也不应该过早食用油腻的补品，这段时间骨头汤、鸡汤等可以不吃，因为瘀血尚未消除前，吃这类食品会延缓瘀血的消除，导致瘀血积滞，延缓了骨头的恢复。长时间难以恢复还会影响到日后肢体的正常活动，留下诸如跛脚等后遗症。

等到过了三四周后，受伤部位瘀血基本散去，进入骨头恢复迅速期，此时就需要大量补充营养物质以满足骨头生长的需要，此时可以多食用骨头汤、鸡汤、鱼汤之类的高营养食品，加速骨折部位的生筋续骨。

钙和蛋白质是首要补充的，维生素也应该充分摄取，加以如此的综合营养补充，相信受伤骨头能够迅速恢复。

等到受伤过去五周以上，基本可以解除一些饮食上的禁忌了，此时可以以补气血为主，以此来加强新生骨质的牢固性，使得骨折部位能够尽快自由活动，以此促进全面康复。所谓“伤筋动骨一百天”，骨折患者要有充分的耐心去好好保证骨质的慢慢康复，在完全康复前不应该参加强度较大的运动，但也要适当地给予受伤肢体活动，以促进恢复，加强肌肉的活性。

❖ 脑震荡

徒手健身运动常常会有诸如翻转奔跑等行为，所以在进行徒手锻炼时，也有因为受到外部撞击造成脑部受损即脑震荡的可能性，当我们遇到类似事件时应该沉着冷静地面对，并且积极进行处理和治疗。

脑震荡的表现形式

1. 轻微型的脑震荡可能会导致短暂性的意识模糊，但这样维持的时间会较短，一般不会超过半小时；

2. 头晕恶心、呕吐、失眠、耳鸣和注意力不能集中、反应迟钝等；

3. 一般出现短暂性失忆说明脑震荡的情况已经比较严重，应该立即送医就诊。

脑震荡一般没有什么特殊的治疗方式。主要是卧床休息、

镇痛、镇静等。在食物方面可以选择多食用一些谷维素和维生素 B_1 等调节神经，补充营养。

情况稍微严重者要及时就医，遵守医嘱进行康复性治疗，首先要对脑部进行一个全面的检查，以确保没有造成更严重的损伤，并且服用一些活血化瘀、行气通络的中药。

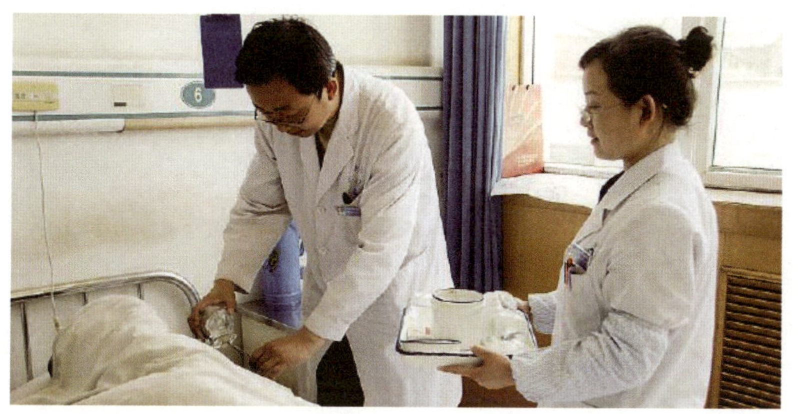

脑震荡的治疗原则

1. 对于情况较轻者主要采取卧床休息和减少脑力、体力劳动。

2. 精神鼓励，消除顾虑。

3. 对于情况稍微严重的，要及时就医，并且留院观察 2—3 天，以便及时发现并发症。

4. 一定要积极配合和支持治疗。

徒手健身运动虽然相对来说简单易做，其危险性也很小，但是也不能完全避免运动事故的发生，所以一旦发生了运动安全事故，一定要沉着冷静地应对，并及时进行处理。